As
LEIS
do
SEGREDO

As LEIS do SEGREDO

A NOVA VISÃO DE MUNDO
QUE MUDARÁ SUA VIDA

RYUHO OKAWA

Ⓡ IRH Press do Brasil

Copyright © 2021 Ryuho Okawa
Edição original © 2021 publicada em japonês:
Himitsu no Hō – Jinsei o Kaeru Atarashii Sekaikan
Edição em inglês: © 2021 *The Laws of Secret –
Awaken to this New World and Change Your Life*
Tradução para o português: Happy Science do Brasil

IRH Press do Brasil Editora Limitada
Rua Domingos de Morais, 1154, 1º andar, sala 101
Vila Mariana, São Paulo – SP – Brasil, CEP 04010-100

Todos os direitos reservados.

Nenhuma parte desta publicação poderá ser reproduzida, copiada, armazenada em sistema digital ou transferida por qualquer meio, eletrônico, mecânico, fotocópia, gravação ou quaisquer outros, sem que haja permissão por escrito emitida pela Happy Science – Happy Science do Brasil.

1ª reimpressão (2021)
ISBN: 978-65-87485-02-7

Sumário

Prefácio 9

CAPÍTULO UM
O Mundo Secreto da Religião
Revelando as verdades sobre este mundo e o outro

1. Olhar para este mundo pela perspectiva do mundo original 13
2. A verdade sobre os fogos-fátuos 22
3. Variadas "experiências espirituais" e "locais sagrados" 30
4. O mundo dos *tengus, sennins, yōkais* e *yōkos* 38
5. Quanto mais espiritualizada for a alma, mais necessário será o aprimoramento 50
6. Como lidar com espíritos malignos e demônios 57

CAPÍTULO DOIS
Como Se Recuperar de Perturbações Espirituais
O segredo das infecções por vírus e possessões espirituais

1. A verdade espiritual por trás das infecções virais e doenças 65
2. Perturbação espiritual causada por sobrecarga 75

3 O autoaprimoramento para se proteger da
   perturbação espiritual 90
4 A mente polida como um espelho repele maldições 101
5 Cresça como ser humano e eleve sua capacidade 108

CAPÍTULO TRÊS

Os Pré-Requisitos para o Verdadeiro Exorcista
O ritual secreto espiritual para exorcizar demônios

1 A essência do exorcista 113
2 As condições para os humanos sobreviverem e
   as condições para os demônios atacarem 118
3 Os alvos que os demônios atacam até o fim: o desejo
   de fama e a inveja 129
4 A relação entre o exorcismo e problemas
   com o sexo oposto 136
5 O poder espiritual do verdadeiro exorcista 148
6 Como criar uma tela espiritual contra maus espíritos
   e demônios poderosos 154

CAPÍTULO QUATRO

O Caminho Certo para a Rendição do Mal
O poder dármico para fazer o mundo brilhar

1 A iluminação religiosa para dispersar vírus, espíritos
   malignos e demônios 163

2 A rendição do mal utilizando a força da iluminação 170
3 A rendição do mal no filme *Twiceborn – Acreditando no Amanhecer* 176
4 Os segredos do universo que a ciência da Terra ainda desconhece 184
5 A essência de render os demônios do ponto de vista da Verdade 189

CAPÍTULO CINCO

A Criação a Partir da Fé

Os segredos para superar as crises que a humanidade enfrenta

1 Eventos inesperados estão ocorrendo no mundo 199
2 A era dos milagres que está prestes a começar 205
3 Como sobreviver à crise financeira 212
4 Estabeleça um pilar de fé e concretize um futuro próspero 222

Posfácio 231
Sobre o autor 233
Sobre a Happy Science 237
Contatos 239
Filmes da Happy Science 242
Outros livros de Ryuho Okawa 243

Este livro é uma compilação das seguintes palestras, com alguns acréscimos, conforme listado a seguir.

Capítulo 1
Palestra dada em japonês em 2 de fevereiro de 2020, na Sala Especial de Palestras da Happy Science em Tóquio, no Japão.

Capítulo 2
Palestra dada em japonês em 28 de março de 2020, na Sala Especial de Palestras da Happy Science em Tóquio, no Japão.

Capítulo 3
Palestra dada em japonês em 6 de fevereiro de 2020, na Sala Especial de Palestras da Happy Science em Tóquio, no Japão.

Capítulo 4
Palestra dada em japonês em 4 de outubro de 2020, no Templo Seitankan da Sagrada Terra de El Cantare da Happy Science, província de Tokushima, no Japão.

Capítulo 5
Palestra dada em japonês em 12 de julho de 2020, no Templo Sede Sohonzan Shoshinkan da Happy Science, província de Tochigi, no Japão.

Prefácio

Em nossa civilização moderna, supostamente não haveria nada que o desenvolvimento da ciência não pudesse comprovar; no entanto, não é que existe uma quantidade enorme de coisas desconhecidas em nossa vida diária?

Eu gostaria que você percebesse mais profundamente o mistério de viver neste mundo como ser humano.

Esta obra está repleta de experiências e episódios místicos. Creio que muitas pessoas vivem sem perceber esse fato; porém, observado pela visão espiritual de um líder religioso, o mundo se manifesta tão vívido, regido por um outro conjunto de princípios.

O presente livro dará a você uma nova visão do mundo e será um novo guia para a sua vida.

Quando *As Leis do Segredo* se transformar em seu próprio "senso comum", o mundo se tornará mais belo e repleto de alegria. E você com certeza ficará agradecido pelo mistério de ser vivificado por Deus.

Ryuho Okawa
Dezembro de 2020
Fundador e CEO do Grupo Happy Science

CAPÍTULO UM

O Mundo Secreto da Religião

*Revelando as verdades sobre
este mundo e o outro*

1
Olhar para este mundo pela perspectiva do mundo original

Os estudos acadêmicos não proporcionam a "busca pela verdade", mas a ofuscam

Neste capítulo, eu gostaria de compartilhar meus pensamentos adotando um olhar com base no "mundo original", e não de acordo com o modo de vida na Terra.

A maioria dos estudos realizados no Ocidente que vieram após a Era Meiji[1] no Japão contêm assuntos práticos úteis, como aplicações técnicas na ciência e na matemática. No entanto, esses estudos são totalmente inadequados quando se trata de ensinar sobre o mundo da Verdade e do misticismo pregados nas religiões. De certa forma, eles se tornaram prejudiciais. Estudar deveria ser uma busca da Verdade, mas, atualmente, constitui um obstáculo ao aprendizado da Verdade.

Para ser sincero, os estudos de estilo ocidental parecem uma "montanha de entulho" do ponto de vista da Verdade Búdica. Com certeza, mesmo esses entulhos podem ser

---

[1] A Era Meiji, ou Período Meiji, designa o período de 45 anos (de 1867 a 1912) de reinado do imperador Meiji no Japão. Nessa fase, o país conheceu uma acelerada modernização, vindo a constituir-se numa potência mundial. (N. do E.)

separados em grupos e compactados com materiais semelhantes, criando, assim, algo novo. É possível utilizar técnicas mundanas para transformar resíduos em algo diferente. Porém, entulho é entulho. Não importa como você o reutilize; continuará sendo material nocivo.

Os seres humanos ocupam a mente com muito entulho; então, mesmo que experimentem fenômenos espirituais, não conseguem enxergá-los com o coração aberto e acabam negando tais fatos. Essa é uma reação normal: rejeitar e duvidar. Por isso, comparando-se a frequência desses eventos com o que ocorria antigamente, parece que o número de indivíduos que passam por fenômenos espirituais tem diminuído. Na verdade, desconfio que muitas pessoas ainda os vivenciam, mas negam com sua mente materialista. E, por rejeitarem essas experiências, acabam não reconhecendo os fenômenos espirituais como tais.

O absurdo dos filmes de terror

Na indústria do cinema, tanto os filmes de terror japoneses como estrangeiros, vistos por alguém com muita experiência espiritual como eu, parecem irreais e despropositados. São produzidos apenas com base na imaginação. Talvez seja melhor que existam filmes desse tipo do que não ter nada que trate de fenômenos espirituais; no entanto, esses filmes apenas apelam para o sentimento de "medo" dos espectadores. Parece que o objetivo dos cineastas é maximizar o terror do público e proporcionar uma experiência assustadora, como um entretenimento semelhante a um passeio de montanha-russa. Podemos dizer que os produtores encaram os filmes de terror como uma extensão das casas mal-assombradas dos parques de diversões.

Há algum tempo, assisti a um filme de terror intitulado *A Bruma Assassina*[2]. O filme conta a história de marinheiros que haviam sido assassinados por alguns moradores de uma ilha há cem anos; então, por vingança, eles reaparecem num navio-fantasma em um dia de nevoeiro para atacar os residentes. Nesse filme, havia uma quantidade excessiva de truques ridículos apenas para assustar o público. Aparentemente, atingiu o primeiro lugar no fim de semana de estreia em algumas áreas, mas eu o classificaria como um filme B.

Os fantasmas dos marinheiros que estavam no navio-fantasma ainda tinham pernas e pés. Basicamente, no Ocidente os mortos em geral costumam ser enterrados no subsolo, então, os fantasmas de estilo ocidental são retratados como zumbis. Nas telas, são comuns as imagens de cadáveres ressuscitando das sepulturas e ganhando vida. Como zumbis, eles podem ser baleados com armas de fogo, queimados, enfim, feridos fisicamente.

Além disso, nesse filme, os marinheiros fantasmas adentravam nas casas como uma névoa e se manifestavam com pegadas no teto. Usavam botas e andavam de cabeça

---

2 Título original *The Fog*, filme americano de 1980. (N. do E.)

para baixo no teto, deixando para trás pegadas que pingavam água. Essas histórias retratam coisas impossíveis, e só podem ter sido produzidas por alguém que não sabe o que são fantasmas.

Outros filmes relacionados ao exorcismo também mostram imagens irreais. As pessoas fazem acrobacias mirabolantes, descem as escadas arqueando o corpo para trás, conseguem girar a cabeça 360 graus – isso seria algo impossível para um ser humano real, pois certamente quebraria o pescoço. Também é impossível uma pessoa conseguir andar de ponta-cabeça.

Na minha opinião, essas cenas, usadas como uma forma de aterrorizar os espectadores, são tão improváveis que fazem o filme perder credibilidade. Penso que recorrer a esses artifícios foi o único modo que os cineastas encontraram para provocar medo.

Com um conhecimento profundo do mundo espiritual, o sentimento de medo desaparece

Quanto a mim, mesmo sem me dar conta, tenho conversado quase que diariamente com seres que não estão mais neste mundo. Talvez no início eu tenha passado por algumas experiências assustadoras, mas, depois de quase quatro décadas nesse trabalho, não percebo mais em mim nenhum sentimento de medo. Isso pode ser decorrente da minha habilidade espiritual.

Quando conduzo entrevistas espirituais em nossa organização, ao lidar com demônios, espíritos perversos ou malignos, eles até me parecem inofensivos, e essa postura minha pode levar a uma má interpretação por quem assiste à cena. Quando um espírito maligno se apodera de um médium comum do nível que aparece na tevê realizando um exorcismo, essa experiência poderá lhe causar grande dor, fazendo-o suar frio. Nesse sentido, esses espíritos nos causam medo.

Hoje, porém, sempre que estou realizando uma entrevista espiritual na Happy Science e me comunico com eles, ao chamá-los eles aparecem e vão embora quando lhes peço para partir. A maioria dos espíritos obedecem aos meus comandos, então não parecem tão assustadores. Mas isso se deve a uma grande diferença na nossa habilidade espiritual.

Mesmo quando entro em contato com espíritos elevados, hoje consigo me comunicar como se estivesse tendo uma conversa casual, mas nem sempre foi assim. Na época em que abri meu coração para o mundo espiritual, eu era um pouco mais temeroso e cuidadoso, pensando que um ser humano deveria ter um respeito maior ao lidar com essas entidades superiores. Porém, ao perceber que minha iluminação se tornava cada vez mais elevada, vi claramente que nossas posições se inverteram e essa consideração se tornou relativa.

Assim, para os indivíduos que não conhecem absolutamente nada do mundo espiritual, quase tudo pode parecer assustador, enigmático ou até horripilante. Mas, do ponto de vista de alguém com um vasto conhecimento, mesmo nas situações consideradas horripilantes, a reação da pessoa seria: "No momento estou ocupado. Você poderia se retirar, por favor?". O estado de se sentir num "mar de lama sanguinolento", retratado nos filmes de horror, não ocorre. Nesse aspecto, percebo uma enorme diferença. Provavelmente, o sentimento de medo existe quando as pessoas estão condicionadas ao mundo terreno e com a crença de que o mundo que existe além daquele terreno é assustador.

Em circunstâncias normais, os espíritos não podem exercer sua influência neste mundo

Agora, imagine que "o mundo espiritual é o mundo original", e que "somos seres espirituais vivendo em um corpo físico". Se tivermos esta consciência, o que acharemos do mundo e do nosso estilo de vida?

Neste mundo, possuímos um corpo físico sob nosso controle e comando; dentro dele reside uma alma que se conecta com o corpo por meio de um "cordão de prata" que os "une". Isso geralmente impede que outros espíritos entrem e ocupem o nosso corpo. No outro mundo não há corpo físico, apenas o corpo espiritual; por esta razão, como possuímos dois corpos unidos – o físico e o espiritual – no mundo terreno, na verdade nós somos mais fortes. Sem um corpo físico, mesmo que os espíritos queiram nos influenciar, só conseguirão se tiverem uma circunstância especial para isso.

Nos filmes de terror ocidentais, os fantasmas costumam demonstrar que possuem habilidades físicas ou psíquicas capazes de produzir fenômenos físicos. As pessoas do Ocidente consomem muita carne vermelha em sua dieta e usam armas para matar outros indivíduos; antigamente, elas comiam animais selvagens caçados com machadinhas. Então, talvez os espíritos no Ocidente tenham poderes psicocinéticos maiores, diferentemente dos espíritos japoneses. Mas, em geral, quando um indivíduo se torna um corpo espiritual, mesmo que queira movimentar algum objeto físico, só conseguiria em condições especiais. Nem 1 em 10 espíritos consegue mover algo físico. Em termos estatísticos, talvez nem 1 em 100.

Além disso, mesmo que um espírito cause um fenômeno físico, as pessoas acabam achando que se trata de um fenômeno da natureza. Um livro que cai de repente, por exemplo, pode ser interpretado como: "Será que ocorreu um terremoto?". Ou então, ao sentir um vento dentro de casa talvez pensem: "Será que deixei a janela aberta?". Para essas pessoas, o entendimento das influências espirituais é difícil.

No entanto, acredito que você também já teve alguma experiência de sentir arrepios na infância com filmes, histórias, leitura de um livro ou programas de tevê assustadores.

É interessante notar que, pela linguagem atual, a expressão "sentir arrepios" pode ter uma conotação positiva, como: "algo tão maravilhoso de dar arrepios". Sabe-se que antigamente as expressões "sentir arrepios, ficar arrepiado" também eram usadas nas sensações de medo relacionadas a fenômenos espirituais, como sentir a presença de um espírito. Hoje, muitas pessoas desconhecem o sentido das palavras e acabam utilizando "fiquei arrepiada quando ganhei o anel de diamantes" no sentido positivo.

Apesar disso, as pessoas de fato sentem um arrepio quando falam de histórias assustadoras. Certa vez, ao conversar em inglês com um estrangeiro sobre Nostradamus, ele comentou: "Estou ficando arrepiado!". E pensei: "Ah! É interessante notar como pessoas de fora, de diferentes raças, têm as mesmas sensações". Creio que todos já tiveram a sensação de os pelos ficarem eriçados ou de um arrepio na espinha. Pode-se dizer que todo mundo possui certo grau de "sensibilidade espiritual"; no entanto, a maioria não explora esse lado.

Por que os praticantes religiosos se isolam nas montanhas desde tempos remotos

Na sociedade, em geral, aumentaram muito as chamadas "ondas beta", que dificultam nossa ligação com o mundo espiritual. Dentre elas estão a tevê, o rádio, músicas, conversas, ruídos e diversos outros sons. Como uma linha telefônica que foi interrompida, a comunicação com o mundo espiritual pode ser desconectada por inúmeros tipos de sons.

Por essa razão, desde a Antiguidade a maioria dos praticantes de treinamento ascético acabavam se isolando nas montanhas ou escolhiam o treinamento individual para evitar esse tipo de interferência.

Mesmo assim, muitas vezes é difícil evitar. Por exemplo, no treinamento chamado Circunvolução de Mil Dias, há os períodos de peregrinação nas montanhas e os de reclusão. Diz-se que, na reclusão em jejum, é comum a aparição de armadilhas da tentação. Com esses treinamentos os praticantes se tornam mais sensíveis, conseguem ouvir vozes e sons que as pessoas comuns não ouvem.

A prática de manter-se isolado para acumular vivências espirituais, distante de tudo o que pode atrapalhar, existe desde antigamente. Pessoas com pouca experiência nesse tipo de aprimoramento com certeza apresentam pouca sensibilidade espiritual. Sem a ocorrência de acontecimentos físicos, elas não conseguem perceber esses fenômenos. Por exemplo, quando ocorrem acidentes de carro ou incêndios frequentes, elas conseguem sentir alguma coisa. Dessa forma, existem alguns "fenômenos que mostram o outro mundo para as pessoas deste mundo", mas o número de relatos desses fenômenos tem diminuído significativamente.

2
A verdade sobre os fogos-fátuos

Durante minha infância, muitas pessoas testemunharam fogos-fátuos

Durante minha infância, na época em que frequentava a escola primária, muitas pessoas diziam ter visto *hitodama*[3], o "fogo espiritual" ou uma "bola de fogo". Muitos colegas de turma conseguiam vê-los. Ainda me recordo dos locais exatos onde costumávamos avistá-los.

Por exemplo, existia uma escola chamada Escola de Primeiro Grau Kawashima, que depois foi reformada e transformada em um berçário. Na parte de trás dessa escola, numa das baixadas, ficava um arrozal; nele havia um pátio que nomeamos "pátio dos fundos".

Era um local onde jogávamos beisebol, que na verdade era softbol, mas, de tardezinha, às vezes passávamos por algumas experiências assustadoras: presenciávamos a aparição de uma "bola de fogo" na metade superior da rede de proteção do campo. O interior é cheio desses incidentes. Quando alguém dizia: "Aquilo é um fogo-fátuo?", arrumávamos os nossos materiais e fugíamos às pressas.

---

[3] No Ocidente, este fenômeno é conhecido como fogo-fátuo ou *ignis fatuus*. (N. do E.)

Outro local onde frequentemente se avistavam os fogos-fátuos era a região que fica entre as estações ferroviárias de Awa-Kawashima e Tokushima, que já foi mostrada num dos filmes da Happy Science. A uns 200 ou 300 metros da estação Awa-Kawashima há um trecho em que os trilhos cortam uma colina. Na parte direita da colina havia um cemitério. De dia, brincávamos de esconde--esconde e explorávamos a área escavando buracos, como em *As Aventuras de Tom Sawyer*[4], sem nos importarmos com nada. Às vezes, éramos repreendidos pelo dono do terreno. Ali também havia muitos relatos de fogos espirituais de noite; então, a maioria das crianças voltava para casa antes do pôr do sol.

Também gostaria de citar um caso sobre o qual já escrevi em outro livro. Quando eu estava no ensino fundamental, tinha um amigo que era um ano mais velho que eu e morava não muito longe da minha casa. Bastava passar por baixo do viaduto ali perto para chegar à casa da fazenda dele. Eu costumava jogar *shogi* (um tipo de xadrez japonês) com ele, ambos sentados em um banco ao ar livre.

Cerca de uma semana antes da morte de seu avô, alguns vizinhos avistaram um fogo espiritual entrando e saindo pelo telhado do segundo andar de sua casa. Lembro-me de ficar admirado ouvindo tais relatos. Então,

---

[4] Considerado um clássico da literatura infantil, o livro foi escrito pelo americano Mark Twain em 1876. (N. do E.)

cerca de uma semana depois, eu soube que o avô do meu amigo havia falecido.

Hoje, compreendo que a alma de uma pessoa cuja morte está próxima pode praticar uma "experiência fora do corpo", entrando e saindo do corpo ou deixando ocasionalmente seu corpo físico. Provavelmente o avô estava tendo essa experiência. Ouvi muitas histórias semelhantes.

Quando eu estava no ensino fundamental, a explicação comum para o fogo-fátuo avistado em cemitérios, por exemplo, era a combustão do mineral fósforo. Essa é uma teoria suspeita, pois, se um corpo é cremado, eu duvido que sobre algum fósforo. Se não me engano, o corpo humano contém esse elemento, o mesmo que é usado no fósforo de cozinha. Diziam que era o fósforo do corpo humano que queimava e provocava o fenômeno. É uma lógica realmente duvidosa, mas constava como matéria numa revista ilustrada para garotos.

Pensando bem, as lápides não eram tão antigas, não havia resíduos de fósforo para pegar fogo. Além disso, seria difícil que ele queimasse de repente e saísse voando. Enfim, os fenômenos de fogos espirituais eram frequentemente avistados.

Indícios misteriosos dos fogos-fátuos

O caso mais recente de fogo-fátuo que ouvi foi com meu pai, que morreu em 12 de agosto de 2003. Ele havia sido internado em maio num hospital um pouco distante da casa de minha mãe. Então, no lugar dela, outra pessoa costumava visitá-lo durante o dia. Minha mãe não o via havia quase três meses quando ele morreu, em agosto, por ocasião do Obon[5] (Festival Bon), ou "Festival dos Mortos".

Naquele período, havia membros da equipe na casa da minha mãe cuidando dela, e também tínhamos uma câmera de segurança instalada na entrada. Minha mãe comentou que foram captadas várias imagens de fogos espirituais voando ao redor do portão de entrada, o que a fez sentir calafrios. Os membros da equipe também viram. Meu pai faleceu bem na época do Festival Bon, mas havia mais de um fogo-fátuo, então não era só do meu pai. Minha mãe dizia que outras almas vieram recebê-lo de volta ao mundo espiritual e apareceram como fogos espirituais. Ao que parece, até as câmeras conseguem registrá-los.

Na verdade, o ideal seria analisarmos essas imagens do ponto de vista científico, para identificar a natureza dessas bolas de fogo. Um cientista da Faculdade de Ciências e Engenharia da Universidade de Waseda afirmou que os fogos espirituais são simplesmente plasma, mas esse indivíduo materialista não crê na existência do outro mundo. Ele usou um equipamento de laboratório para produzir luz de plasma e declarou que refutava os fogos espirituais. Porém, esses equipamentos e as lâmpadas de plasma não

---
5 Corresponde ao feriado de Finados, no Brasil. (N. do E.)

estavam disponíveis no local da aparição. E ninguém confundiria vaga-lumes com fogos espirituais, uma vez que são muito maiores do que esses insetos.

Ouvi uma outra história de meus parentes que moram em Kawashima. Durante o verão, eles costumavam pescar *ayus* (peixes de água doce) ou enguias à noite, perto de uma ponte submergível que já apareceu em nossos filmes. Num barco de madeira, iluminavam o fundo do rio com um lampião e capturavam os peixes com um arpão.

Os *ayus* comem musgo, então não dá para pescá-los com isca. Só é possível enganchá-los jogando e puxando anzóis de muitas pontas. Durante a noite os movimentos do peixe ficam mais lentos, então é possível pegá-lo com um arpão. Isso fazia parte do trabalho dos meus parentes. Um dia, quando eles estavam pescando à noite, notaram um grande fogo espiritual vindo da ponte submergível. Ele voou pelo barco e era brilhante o suficiente para iluminar o fundo do rio, e eles puderam ver as rochas no fundo. Com base na experiência deles, acredito que os fogos espirituais apresentem uma intensidade em sua luminosidade. É misterioso.

Conhecimentos indispensáveis que ajudam a pessoa a partir para o outro mundo

Com base nos relatos que ouvi das pessoas que viraram fogo espiritual, descobrimos que esses espíritos não tinham ideia de que eram vistos como tal. Eles achavam que estavam voando com a forma de seres humanos.

Além disso, escrevi em *As Leis Místicas*[6] o que certa pessoa sentiu ao tocar o fogo-fátuo. O que aconteceria se colocássemos a mão dentro do fogo-fátuo? Responder a essa pergunta seria um desafio digno de entrar no *Guinness Book*. Essa é uma questão interessante, mas não é tão fácil estar no momento certo, no lugar certo. Poucos teriam a oportunidade de realizar essa experiência, mas felizmente conseguimos encontrar dois casos. Ambos relataram que o fogo-fátuo não estava tão quente a ponto de queimar a mão de uma pessoa. Um deles descreveu a sensação de tocar algo semelhante a um algodão-doce, e o outro descreveu que se parecia com a textura de uma seda. Eu sei um pouco como é essa sensação.

Por outro lado, a alma que está voando como um fogo-fátuo se acha um ser humano. O ponto de vista é relativo e, se alguém percebesse e começasse a persegui-lo, o espírito poderia sentir como se estivesse sendo perseguido por um ogro. É um mundo realmente curioso.

Enfim, é preciso compreender que, depois que você morre e vira alma, pode voar. Consequentemente, se você não entender o fato de que pode voar como espírito ao deixar o seu corpo físico, pode enfrentar diversas surpresas.

---

6 *As Leis Místicas* (São Paulo: IRH Press do Brasil, 2013).

Seria muito difícil partir para o outro mundo sem o conhecimento de que todos os humanos são, em essência, corpos espirituais. Para facilitar a transição para o mundo espiritual, existe uma pequena janela de oportunidades que algumas pessoas têm para praticar experiências fora do corpo antes de morrerem, enquanto o cordão de prata ainda está conectado ao corpo. Algumas pessoas podem flutuar até o teto e se verem deitadas numa cama hospitalar, enquanto outras que estão prestes a deixar este mundo recebem visitas de membros da família já falecidos. Antes de morrer, elas costumam compartilhar essas experiências com aqueles que as visitam no hospital, mas hoje em dia as pessoas não levam muito a sério. Apenas dizem "OK, OK" e encerram o assunto. De qualquer modo, repito: é muito importante saber que a verdadeira natureza do ser humano é o corpo espiritual.

Diferentes experiências sobre fantasmas entre o mundo oriental e o ocidental

Como comentei antes, no Ocidente considera-se que os fantasmas são indivíduos que ressuscitaram dos mortos e costumam ser retratados como zumbis, uma representação que talvez tenha sido influenciada pela tradição egípcia da mumificação e pela ressurreição de Jesus na Bíblia, que descreve seu retorno em um corpo físico. Não se veem reparições na forma de fogo-fátuo nas histórias ocidentais.

No Oriente, não apenas na China, mas também na Índia, verifica-se que existem histórias semelhantes sobre espíritos. Na literatura indiana encontramos o relato de uma pequena bola, um pouco menor do que podemos imaginar, emergindo da região do peito. Creio que muitas pessoas de fato testemunharam fenômenos espirituais desse tipo no Oriente porque são praticantes de meditação e de ioga.

Existem ocasiões em que os espíritos são capazes de afetar este mundo, ou seja, as pessoas vivas. Uma delas é logo após a morte, quando eles vêm visitar os enlutados. A outra é quando os espíritos vêm ajudar em alguma necessidade numa religião, para realizar uma missão, como a Happy Science. Nos demais casos, em geral, são espíritos que ficam em algum local no mundo terreno com o qual tiveram uma relação, pois não conseguiram partir para o Céu, ou quando certas condições específicas os fazem aparecer diante de pessoas com as quais tiveram alguma ligação. Estes também são exemplos de encontros com fantasmas.

3
Variadas "experiências espirituais" e "locais sagrados"

Questionamento sobre os fantasmas que utilizam dispositivos eletrônicos nos filmes modernos

Em filmes recentes, os fantasmas usam smartphones e outros aparelhos eletrônicos, e para mim essa é uma tendência difícil de acompanhar. Em um filme antigo intitulado *O Chamado*[7], por exemplo, quando um personagem inseria determinada fita de vídeo em um videocassete e assistia ao filme, estava fadado a morrer. No filme aparece um fantasma de nome "Sadako". A pessoa receberia um telefonema, que aliás também é ilógico, e ouviria sua sentença de morte, que viria a ocorrer uma semana depois. Se outra pessoa assistisse àquele filme, a maldição era transferida para essa pessoa. Algo semelhante a uma corrente de cartas de infortúnio que transitou pelo Japão. Hoje, ninguém mais usa fitas de vídeo, então os smartphones ocuparam seu lugar.

---

7 Com o título original *Ringu*, este filme japonês de terror estreou no país em 1998 e é uma adaptação do romance de Koji Suzuki. Devido ao seu enorme sucesso, serviu de inspiração para a versão americana *The Ring*, de 2002, que estreou no Brasil em 2003. (N. do E.)

Em certo sentido, os espíritos possuem propriedades elétricas, e isso é verdade. No entanto, tudo o mais que acontece no filme parece pouco provável. Vamos falar sobre a ligação de um fantasma, por exemplo. De onde está ligando? De quem é o telefone que ele está usando? O telefone é um celular próprio ou ele está usando um telefone público? Como ele sabe o número do telefone? São muitas perguntas que nos deixam intrigados. Nos telefones modernos com identificadores de chamadas, seria mostrado de onde vem a chamada? É uma questão que deixa este assunto ainda mais interessante.

Fico imaginando se o mundo espiritual está se modernizando com os computadores. Eu ainda não visualizei um mundo dotado de máquinas. É possível que um espírito perdido de uma pessoa que trabalhava numa empresa de computadores na Terra esteja utilizando esses equipamentos também no outro mundo, e isso não pode ser negado por completo. As possibilidades existem para aqueles que tiveram empregos de alta tecnologia por décadas para criar o mesmo ambiente no mundo espiritual. Porém, na maioria dos casos, as tecnologias deste mundo seriam inacessíveis e incompreensíveis para os espíritos do outro mundo.

Nesse sentido, um espírito que consegue entrar num metrô em movimento é admirável. Como o trem se move a dezenas de quilômetros por hora, se ele se sentar, pode acontecer de o trem partir e ele permanecer sobre os trilhos. Então, um espírito que consegue se locomover com o metrô em movimento deve estar voando em alta velocidade. É uma grande façanha. Se consegue permanecer no vagão, significa que possui um discernimento de não ser jogado para fora.

Minha experiência de sair da paralisia do sono

Certas pessoas passam por experiências espirituais que provavelmente costumam ser de encontros assustadores com fantasmas. Eu escrevi minhas experiências pessoais em alguns de meus livros.

Quando jovem, meu pai dirigia uma fábrica que acabou falindo. Nós morávamos numa casa anexa, que também foi retratada num de nossos filmes. O térreo era parte da antiga fábrica e permanecia sem uso, o que criava uma atmosfera assustadora, mas o andar de cima passou a ser a minha sala de estudos. À noite, o prédio ficava escuro como breu, então eu tinha de carregar uma lanterna; parecia que eu estava indo sozinho para uma casa mal-assombrada para testar minha coragem todos os dias.

Certa vez, em um feriado, eu estava tirando um cochilo no final da tarde. De repente, senti uma pressão sobre meu peito e não conseguia me mover. Sentia estar paralisado pelo sono. Vi claramente duas mãos escuras pressionando meu peito. Vi uma silhueta que parecia ser um rosto escuro e sombrio. A parte de baixo não enxerguei. Por mais que tentasse, meu corpo não se movia; então, girei o corpo para o lado direito e rolei para fora do edredom, conseguindo finalmente me livrar da paralisia do sono. Como aprendi esse truque, depois não tive mais esse problema. Quem fica nesse estado, normalmente nem consegue respirar e seu corpo fica imóvel.

Se você estiver sofrendo de paralisia do sono, terá dificuldades de mover o corpo, então, por favor, tente girar o corpo para o lado e rolar para fora da cama ou para o chão. Parece ser eficaz para interromper o estado de paralisia. Embora você não consiga levantar seu corpo para se sentar por causa da paralisia, seu corpo deve ser capaz de girar para os lados. Parece que os fantasmas não sabem como impedir esse movimento de rolar, então, é um bom truque para lembrar.

A experiência de explorar o mundo espiritual abaixo da superfície

Outra experiência espiritual de que me lembro é de quando eu estava na 5ª série. Participei do festival de outono do Santuário de Kawashima. A maioria dos moradores da cidade são paroquianos do Santuário, mas principalmente os alunos do ensino fundamental, que carregavam pela cidade um santuário portátil decorado. Usando um traje especial chamado *happi* com uma faixa torcida na cabeça, íamos de casa em casa colecionando oferendas; é uma espécie de evento de Halloween.

No dia em que participei dessa atividade fiquei exausto e, talvez pelo calor do dia, acabei tendo febre alta. Hoje penso que, como era um evento do Santuário, algum ser espiritual poderia ter me afetado. Na época eu não sabia de nada. Tive uma febre misteriosa, de 39 graus, quase 40 graus. Lembro-me de que fiquei de cama e usei um travesseiro de água e um saco de gelo para resfriar a cabeça.

Naquela ocasião, senti uma forte atração vinda do centro da Terra. Havia um túnel indo em direção ao centro e fui puxado para dentro do buraco por alguma força. Conforme estava descendo, avistei vários mundos nas diferentes profundidades. Eu estava finalmente alcançando o núcleo, e percebi que poderia haver magma derretido. Desesperado, me esforcei para voltar à superfície, sem sucesso. Depois, tive a ideia de que talvez pudesse sair do outro lado da Terra, e foi para lá que comecei a me mover. Então, realmente saí do outro lado e pude voltar para casa.

Mesmo passados mais de cinquenta anos do ocorrido, 52 ou 53 anos para ser mais exato, ainda me recordo dessa experiência com clareza. Aquelas cenas ainda estão gravadas nitidamente na minha memória, em cores reais. Era tão verdadeiro que não parecia um sonho.

Provavelmente foi uma vivência e expedição espiritual, e talvez haja sob a superfície da Terra um mundo espiritual amplo, que deve ser o reino do inferno abaixo do solo. Enxerguei até a parte do magma, que talvez seja a natureza real do chamado Inferno Ardente ou Inferno Escaldante.

Imaginei que há algum tipo de mundo espiritual em torno da camada de magma, onde há almas atormentadas pelo calor extremo. Em geral, são pessoas que tiveram forte ira ou ficaram atormentadas por ter essa ira quando vivas.

Enfim, tive a experiência espiritual de ir até esse tipo de lugar.

Locais com fortes campos magnéticos espirituais

Existem muitos locais espirituais sagrados ao redor do mundo cujo poder espiritual não pode ser visto pelos olhos humanos, mas as pessoas podem sentir sua energia mística única. Esses lugares às vezes são chamados no Japão de "pontos de poder" ou "pontos de energia espiritual". O termo "ponto de poder" parece ser usado de forma bastante simplista e se popularizou entre as jovens universitárias japonesas. No entanto, não deixam de ser pontos de energia e possuem um forte campo espiritual. Em muitos casos, esses lugares são solos sagrados especiais com ligações com o mundo espiritual.

Existem campos espirituais sagrados na Terra, como as montanhas, que atraem a fé das pessoas, ou locais que, desde antigamente, os ascetas têm usado para o seu treinamento. O monte Fuji, por exemplo, é uma montanha bastante adorada. Tanto nele como ao seu redor existem muitos espaços sagrados. O monte Aso e outros locais na província de Tokushima também possuem espaços sagrados. Se um local reúne grande poder de fé ou tem ruínas com grande poder espiritual, geralmente possui espaços sagrados. Muitas vezes, alguns desses pontos de energia se conectam uns aos outros.

Um local bem conhecido, por exemplo, é o espaço sagrado chamado Shambhala, que tem um ponto de acesso ao redor do Tibete, no Himalaia. Nele, eremitas (conhecidos como *sennins*) e iogues se reúnem e fazem seus treinamentos ascéticos. Esse local é bastante citado dentro dos círculos teosofistas. Aqueles que praticam a teosofia na Índia e pessoas do tipo *sennin* na China podem ter algumas experiências nessa área.

De fato, existe um campo magnético espiritual no Himalaia, a cadeia de montanhas mais altas da Terra, que permite certos tipos de treinamento espiritual. Algumas almas vão para aquele local para continuar sua disciplina espiritual depois da morte, e também há casos em que praticantes de ioga ou ascetas *sennins* enviam sua alma para lá a fim de um aprimoramento enquanto ainda estão vivos.

Os espíritos realizam vários tipos de treinamento, e a maioria deles está buscando atingir um nível superior de despertar espiritual. Dentre eles há um certo número de líderes espirituais que residem lá e são chamados de "mestres".

Além disso, existe um mestre dos mestres chamado de "avatar". Eles são um pouco superiores. Os avatares são grandes mestres espirituais que dão orientações sobre aprimoramentos secretos e específicos no mundo espiritual. Uma vez a cada poucos milhares de anos ou mais, um avatar nasce na Terra para ser um Salvador e cumprir deveres, como lançar revoluções espirituais, quando necessário.

Em suma, parte dos seres dessa classe estão nesse campo espiritual, que é um centro de treinamentos, aprimorando-se ou dando orientações. Há ainda outra parte deles que vive no mundo espiritual elevado, chamado Mundo Celestial. Eu explorei o centro de treinamento no mundo espiritual e observei que existem pelo menos vários milhares de espíritos que estavam em treinamento espiritual.

4

O mundo dos *tengus, sennins, yōkais* e *yōkos*

Alguns espíritos se esforçam para adquirir "Força" e se desviam do verdadeiro caminho

Muitos espíritos treinam arduamente para obter o despertar espiritual e adquirir a chamada "Força" (como a que aparece no filme *Star Wars*, "Guerra nas Estrelas"); eles têm boas intenções, mas, infelizmente, alguns acabam se desviando do correto caminho. À medida que buscam alcançar a autorrealização por meio de suas habilidades espirituais, acabam saindo da estrada principal.

Eles passam a ficar muito concentrados nas influências espirituais, nos poderes místicos e milagres, e perdem o foco de suas verdadeiras missões: buscar a correta maneira de viver como ser humano ou a correta maneira espiritual de viver ao retornar para o outro mundo, ou o trabalho principal dos anjos e *bodhisattvas*, que é servir de guia para as pessoas que vivem no mundo terreno; muitos preferem se ater a alguma habilidade específica que possuem.

Podemos citar como exemplo o personagem do filme americano *Doutor Estranho*[8], da Marvel, que contém as-

---

8 Título original *Doctor Strange*; o filme, de 2016, baseia-se no personagem homônimo da Marvel. (N. do E.)

pectos semelhantes. Ele luta criando um anel de luz, e, similarmente, alguns espíritos ascetas podem usar poderes do tipo "Força". Contudo, será que esses poderes e a iluminação espiritual no verdadeiro sentido são a mesma coisa? Isso é duvidoso.

Muitos anjos, arcanjos, *bodhisattvas* e *tathagatas* também possuem poderes místicos, mas aqueles desse grupo que estão no verdadeiro caminho procuram guiar as pessoas por meio de ensinamentos.

Num outro grupo estão os seres que utilizam poderes místicos semelhantes à "Força" para deslumbrar os outros.

Esses espíritos, que fazem aprimoramento, mas não conseguem entrar nos moldes do Verdadeiro Caminho (que é o grupo ao qual pertencem os *bodhisattvas* e anjos), vão formando um mundo à parte, que não é o Mundo Celestial nem o Inferno. Eles constituem o Mundo dos *Tengus* (duendes de nariz longo), o Mundo dos *Sennins* (magos orientais) e o mundo habitado por *yōkais* (eremitas de monstros e monstros).

Esses espíritos não são exatamente demônios, pois não são maus, mas são egocêntricos. O objetivo deles é maximizar seus próprios esforços centrados no ego para aumentar seus poderes espirituais. Querem deslumbrar as pessoas com sua impressionante demonstração de habilidades sobrenaturais e impor respeito aos outros ou usar suas habilidades para eliminar seus inimigos.

• As Leis do Segredo •

Os *tengus* são fortes e têm rápida ascensão, mas também costumam cair do topo

No Japão, existem muitos *tengus*. Eles treinam a prática de caminhada na montanha para atingir poderes espirituais semelhantes à "Força". De vez em quando, contribuem positivamente para o benefício de outros, mas na maioria das vezes seus desejos egocêntricos são bem mais fortes, o que pode ser muito destrutivo.

Muitas vezes, os espíritos *tengus* são conhecidos por suas tendências maliciosas e também por sua queda espetacular do topo do sucesso. Em suma, eles têm uma força de vontade muito forte e, quando nascem na Terra, aplicam-na para fazer um negócio crescer rapidamente ou subir na escalada política rapidamente, mas sua queda é tão rápida quanto sua ascensão.

Os *tengus* também podiam ser encontrados entre os samurais. No clã guerreiro de Heike, no século XII, havia muitas encarnações *tengus*. Por exemplo, o nobre japonês Taira no Kiyomori (1118-1181) subiu ao poder rapidamente e se tornou o primeiro soldado-ditador. Ele criou a sociedade centrada em Heike, mas então sua queda e o subsequente colapso do clã Heike ocorreram com a mesma velocidade.

Foi um típico comportamento de *tengu*. Cresce rapidamente, porém, sem um sólido amor em sua essência, acaba tendo essa queda.

Os *yōkais* são bons em ameaçar ou assustar as pessoas

Outro mundo que existe é o dos monstros *yōkais*, que costumam ser retratados nos desenhos animados e histórias em quadrinhos japoneses.

Como o mundo espiritual é um "espaço criativo" – um lugar onde qualquer coisa que você imaginar pode ser criada –, diferentes formas de vida podem ser criadas usando a energia da força vital. Por essa razão, qualquer coisa que você possa pensar em sua mente pode existir lá.

Muitos seres vivos que não existem neste mundo ou seres que já estão extintos podem ser encontrados no mundo espiritual. Dentre essas criaturas estão os monstros *yōkais*, que são bons em assustar e amedrontar as pessoas. Eles não têm conhecimento suficiente para ensinar a Verdade Búdica, mas possuem poderes sobrenaturais; então, costumam treinar o uso de seus poderes, inclusive a mudança de forma.

Talvez seja o carma deles. Já que fazem isso há tanto tempo, a mudança de forma tornou-se a representação de quem eles são. No Japão, o cão-guaxinim e a raposa são conhecidos por suas habilidades de mudança de forma e representam uma dupla dinâmica de *yōkai*. Mas as raposas são em número esmagadoramente maior. Elas são as principais, mas há muitos outros *yōkais* bons em transformação.

Mesmo dentre os espíritos humanos que já encarnaram como humanos, alguns têm uma forte semelhança com algum animal. Podemos explicar isso em termos de irmãos de alma com raízes em espíritos de animais. No xintoísmo japonês, algumas divindades aparecem na forma de animais, e mantêm a essência de tais animais como parte de sua existência.

Em outras palavras, elas podem se transformar em tigres, grandes serpentes, dragões ou pássaros enormes, de acordo com o exigido pelas circunstâncias.

No mundo espiritual, qualquer um pode mudar de forma, uma vez que você aprenda a fazer isso. Usando o poder da transformação, alguns espíritos gostam de pregar peças em outras pessoas que vivem vidas normais no mundo espiritual. Embora eles ainda mantenham essas tendências infantis, muitas vezes demonstram habilidades incríveis como artesãos. Existem pessoas desse tipo dentre aqueles que perseveram para dominar as técnicas de sua ocupação.

Os *sennins* possuem habilidades especiais, mas têm dificuldade em interagir com as pessoas

Há também espíritos eremitas *sennins*. Eles não têm um comportamento tão sem sentido como os *yōkais*, e também são um pouco diferentes dos *tengus*.

Muitos deles eram monges ascetas, ou praticantes de aprimoramento religioso, mas se desviaram do caminho certo depois de se concentrar mais na austeridade.

Todos os praticantes da Índia são considerados *sennins*. Por isso, ser um *sennin* não é algo necessariamente ruim, mas quando sua prática espiritual não atinge o nível de disciplina da Verdade Suprema, um *sennin* pode ter dificuldade em interagir com as pessoas.

Eles possuem habilidades específicas e, quando nascem neste mundo, costumam se tornar engenheiros e especialistas com habilidades extraordinárias, mas são ruins no relacionamento interpessoal.

Inovação em tempos de turbulência pelos *tengus*, *yōkais* e *sennins*

Na verdade, existe um mundo específico para os *tengus*, monstros *yōkais* e *sennins*, mas é difícil dizer se sua aparência exterior reflete a essência deles. Como eles podem se transformar em diferentes formas, é difícil saber o que de fato está ocorrendo; às vezes eles podem fazer muitas traquinagens na Terra e criar confusões no Mundo Celestial e até mesmo no Inferno.

De vez em quando, este mundo precisa de mudanças. Quando é hora de fazer mudanças drásticas em determinada época, o portal dos mundos dos *tengus*, *sennins* e *yōkais* se abre, permitindo que esses espíritos nasçam neste mundo a partir de seus respectivos reinos. Nem todos podem nascer, mas, em períodos conturbados, alguns selecionados podem surgir na hora do caos.

• As Leis do Segredo •

Um exemplo foi durante o período Sengoku[9], no Japão, quando ocorreram mudanças significativas que exigiram a contribuição de diferentes tipos de pessoas. Então, era fácil para eles nascerem, e foram liberados com o propósito de inovar. Dentre os comandantes militares da época estavam os Anjos de Luz e pessoas do tipo *tengu*. Infelizmente, alguns deles se sintonizaram com o Diabo do Inferno ainda na Terra e, depois de morrerem, foram para lá.

Muitos tipos diferentes de espíritos nasceram aqui para lutar pela supremacia neste mundo.

As diferenças entre os *tengus*, os *sennins* e os *yōkais*

Há um drama histórico em seriado na televisão japonesa chamado *Kirin ga Kuru* ("Sagrada Besta Kirin está chegando") que foi ao ar em 2020. O protagonista e samurai, Mitsuhide Akechi (1528-1582), parece ser um homem de fé, mas seu sogro, Dosan Saito (1494-1556) (protagonista do famoso romance *Kunitori Monogatari*, de Ryotaro Shiba), é um típico *tengu*.

Nos tempos atuais, um personagem *tengu* como ele também pode ser encontrado na política moderna, assim

---

9 O período Sengoku, ou dos Estados Beligerantes (1467-1573), foi uma das fases mais conturbadas e instáveis da história do Japão, marcado por constantes guerras. (N. do E.)

como em empresas em rápida expansão. Por outro lado, empresas especializadas em alta tecnologia ou em outras tecnologias exclusivas tendem a ser fundadas pelos tipos *sennins*. De fato, eles tentam trazer o misterioso funcionamento do mundo espiritual para este mundo. Pesquisam e desenvolvem tecnologias para realizar aqui o que está disponível no mundo espiritual.

Inventores que parecem um pouco excêntricos ou estranhos com frequência são *sennins*. Alguns deles, apesar de fazerem um ótimo trabalho, não são reconhecidos e causam desarmonia.

Apesar disso, esses espíritos são necessários neste mundo em alguma medida. Aqueles indivíduos que estão ávidos para expandir seus domínios ou procuram desesperadamente alcançar um alto status social, em sua maioria tendem a ser do tipo *tengu*.

Por outro lado, aqueles fascinados por tecnologias tendem a ser *sennins*. As pessoas do tipo *yōkai* não gostam de revelar sua verdadeira natureza; por isso, costumam parecer que possuem duas caras. Tenho a impressão de que há uma disparidade entre suas atitudes externas e suas verdadeiras intenções ou ações que eles realizam nos bastidores.

Esses três tipos de seres têm a capacidade de viajar entre o Céu, a Terra e o Inferno, e este é um ponto importante a ser lembrado sobre eles.

• As Leis do Segredo •

Os espíritos do tipo "raposa" e "cobra" e sua influência no setor de entretenimento

Em termos de entidades espirituais, o corpo espiritual mais comum no Japão é o do tipo raposa. Existem muitos santuários *Inari* por todo o país, o que significa que muitas pessoas estão adorando um deus *Inari* (raposa). Esses espíritos atraem a fé de muitas pessoas, e esses pensamentos de adoração coletivos lhes dão um certo nível de poder espiritual. Mesmo que as pessoas orem por recompensas e benefícios neste mundo, seus desejos são enviados a um deus *Inari*, dando-lhe algum nível de poder espiritual.

A adoração a um deus *Inari* é prevalente em diversas áreas do Japão; então, há muitos espíritos do tipo raposa e do tipo *yōko* (raposas com misterioso poder de enfeitiçar humanos). Eles podem influenciar médiuns, videntes e fundadores de pequenas seitas religiosas. Eles possuem habilidade para operar milagres singelos, mas não tenho certeza se são uma boa influência a longo prazo.

Além dos espíritos do tipo raposa, há também aqueles do tipo serpente, que muitas vezes estão ligados à luxúria. Então, ao se envolver demais com esses tipos, você poderá ser arrastado para o Inferno das Bestas ou para o Inferno da Luxúria. Eles tentam induzi-lo a se entregar a tais desejos; por isso, recomendo que mantenha distância deles.

Muita gente que trabalha no entretenimento noturno costuma visitar templos *Inaris* para pedir prosperidade aos seus negócios, pois esses espíritos podem atrair clientes. Há muitos bairros noturnos mesmo agora, e eles ficam na entrada dos estabelecimentos, capturam um cliente e o levam para dentro. É comum fazerem esse trabalho. Além da função de atrair, muitos deles aliciam clientes em potencial.

Muitos assalariados que frequentam esses locais devem estar recebendo a influência desses espíritos, mas em geral os espíritos não ficam em torno da pessoa por muito tempo, uns dois dias no máximo. O indivíduo bebe um pouco, se diverte, leva um espírito para casa e, quando vai para o trabalho no dia seguinte, o espírito obsessor desaparece e se transfere para outra pessoa. Então, quem pega esse espírito é, por sua vez, levado para algum estabelecimento. Esse é o nível mais comum de conexão que eles fazem, a menos que o cliente frequente a vida noturna com muita regularidade para forjar laços mais fortes com certos espíritos de monstros. Nesse caso, o espírito ficará com aquela pessoa por um período mais longo e se estabelecerá ali.

Porém, há um lado positivo: estranhamente, com um espírito desse tipo ao seu lado, sua sensibilidade espiritual fica mais aguçada e você começa a ter diversos acertos ou descobrir a essência de diferentes questões. Então, nem tudo é negativo.

Há pessoas assim nos bares de luxo das áreas de Ginza ou Shimbashi, em Tóquio. Ouvi dizer que é comum os executivos levarem seus subordinados a esses locais para que adivinhem qual pessoa provavelmente será promovida a cargos mais altos. Parece que as previsões são bastante precisas.

Indícios espirituais dos videntes

Os videntes também recebem orientações de seres espirituais. Quando eu era jovem, fui por curiosidade visitar alguns quiromantes (que fazem leitura das mãos) e outros videntes que praticam a onomatomancia (adivinhação com base no nome da pessoa); na época eu já possuía certo poder espiritual. Com base no que vi, percebi que eles realmente tinham certa sensibilidade e recebiam orientação de algum espírito que estava com eles.

Mas, depois dessas consultas, senti como se eu tivesse tocado na pele de um anfíbio, como um sapo, um animal de pele viscosa. Tive a impressão de tocar em algo escuro e pegajoso. Concluí que os videntes eram, na maioria, um tipo de pessoa que eu não encontraria em outros setores da sociedade.

No caso dos adivinhos ocidentais, talvez alguns recebam orientações de bruxas. Não posso dizer isso de modo definitivo, pois não tenho experiência suficiente nesse sentido.

Embora existam meros impostores que fingem ser videntes, em geral há alguns seres espirituais que enviam inspirações e orientações àqueles que trabalham com adivinhações, mas é difícil saber quem eles são realmente. Embora os videntes possam acreditar que estão sendo guiados por espíritos do tipo *sennin*, deduzindo pela sensação pegajosa e grudenta que tive após os encontros, creio que esses espíritos sejam algo mais próximo do tipo anfíbio. Talvez sejam um híbrido de *sennin* e monstro anfíbio *yōkai*, vivendo em algum esconderijo remoto longe de outras pessoas. Suspeito que haja alguma conexão entre eles.

5

Quanto mais espiritualizada for a alma, mais necessário será o aprimoramento

Testes para compensar a falta de treinamento espiritual

Em última análise, todos nós vivemos como humanos enquanto nosso espírito habita um corpo humano, e nossa alma também assume a forma humana. Vivemos neste mundo por várias décadas como seres humanos individuais e, quando retornamos para o outro mundo após a morte, continuamos a viver lá com o mesmo nome, aparência e gênero que tínhamos na Terra até a próxima encarnação. Este é o caso mais comum. Mas as almas que acumularam experiências especiais por um longo período muitas vezes recuperam sua forma original logo depois de voltarem para o outro mundo.

No caso daqueles que almejam ser anjos, as almas precisam passar por uma série de exames em diferentes níveis, mesmo no outro mundo, e passar pela iniciação para subir para um nível superior. Se essas almas não ajudaram os outros o suficiente enquanto viveram na Terra, terão de continuar o trabalho de auxiliar as pessoas no mundo espiritual. Elas precisarão se esforçar para acumular um pouco mais de virtudes, ajudando as pessoas assumindo uma forma mais simples, a de espírito guia ou de espírito assessor, para ter a chance de passar para um nível mais elevado. Então, esses seres guiam espiritualmente aquelas pessoas que estão sendo úteis neste mundo, curando doenças daquelas que ainda têm uma missão a cumprir ou salvando-as de possíveis acidentes. Eles se dedicam a essas tarefas como uma prova de recuperação para compensar a falta de treinamento espiritual quando estiveram no mundo terreno no processo de se tornar um anjo ou um *bodhisattva*.

Claro, também existem anjos e *bodhisattvas* verdadeiros que vêm à Terra para ajudar e proteger aqueles que têm missões muito importantes a cumprir.

O ser humano pode eliminar ou criar doenças

Os seres humanos são a própria energia vital. Então, nós podemos transformar parte dessa energia vital em um foco de doença e, assim, gerar a doença. Do mesmo modo que é possível fazer uma doença desaparecer, também é possível o espírito criar uma doença. Por exemplo, se você está sendo o receptor do forte rancor de uma pessoa, ou, em outras palavras, se você está possuído pelo *ikiryō*[10] de alguém – sendo atingido rotineiramente pelas ondas men-

---

[10] O *ikiryō* de uma pessoa é a combinação de um forte pensamento dela e o seu espírito guardião. Se ela possuir pensamentos obsessivos contra alguém, como ódio ou vontade de prejudicá-lo, o *ikiryō* dela vai até o seu alvo, fica grudado nele, podendo lhe causar anomalias. (N. do T.)

tais daquela pessoa –, um espírito maligno que está sintonizado com essa onda pode vir e intensificar essa força. Então, uma anomalia pode surgir no corpo da vítima. Não demora muito para que isso aconteça; em menos de um dia é possível que se desenvolva uma doença. No entanto, com a fé certa e a conexão com um espírito guia correto, você pode eliminar essa doença.

Desde 2020, as notícias atuais se concentram no coronavírus que se originou na China. Quando vejo a aparência esférica, microscópica desse coronavírus, creio que ele foi criado com certas intenções. Percebo que estão criando novas doenças; com certo nível de consciência, é possível criá-las. Mas as intenções podem ser diversas, e não posso fazer uma declaração generalizada sobre isso.

A importância de ser humilde, sincero, honesto e diligente

Quero enfatizar que, mesmo que se torne espiritualmente consciente, você deve ter cuidado e avaliar de onde vem sua orientação espiritual, porque você pode seguir em diferentes direções.

Eu mesmo sou um ímã espiritual muito poderoso; então, quando você lê meus livros, escuta as minhas palestras e fica em contato próximo comigo ou está perto de mim, pode ser "magnetizado" pelo efeito da minha força magnética. Quando isso ocorre, seus sentidos psíquicos podem ser aprimorados, talvez fique fortemente inspirado, tenha sua percepção espiritual aguçada e consiga ler o coração das pessoas. Pode ser que você entre parcialmente em sintonia com o mundo espiritual. Nesses momentos, você deve ter o maior cuidado para não se tornar arrogante. Se começar a se gabar de suas vidas passadas e agir de forma superior aos outros, ficará vulnerável a influências malignas. Você pode achar que, com a abertura do seu canal espiritual, poderá se conectar com o grupo de anjos de luz, mas é forte a tendência de ser invadido por um ser mal-intencionado, e você terá muita dificuldade para detê-lo. É como se as janelas da sua casa tivessem sido abertas. Mesmo que a porta principal ainda esteja trancada, qualquer coisa poderá entrar pelas janelas.

Até que você aprenda a controlar sua mente e seja capaz de abrir e fechar as janelas à vontade, muitos espíritos malignos à procura de tais aberturas na Terra poderão entrar livremente por esse caminho.

No mundo terreno, muitos seres erráticos são perversos e estão possuindo alguém ou transmitindo uma grande quantidade de pensamentos maldosos para o mundo. Então, quando você perceber que suas janelas espirituais estão começando a se abrir, é extremamente importante que escolha o caminho do esforço correto: ser sincero, fazer esforços constantes, permanecer humilde e ser honesto.

Se você tiver características que podem ser comparadas com as de algum animal, como raposa, cão-guaxinim, cobra etc., elimine-as da melhor forma possível, pois refletem atributos humanos negativos. Você poderá usá-las como diretrizes e tentar se livrar dessas características: raiva, ódio, vontade de excluir, enganar, disfarçar, fraudar, extorquir etc. Tenha cuidado também com sentimentos de querer se gabar, mostrando que é alguém importante, ou de desejar o fracasso e a queda dos outros. Esses pensamentos são muito tóxicos, sobretudo quando suas habilidades espirituais estão apenas começando. Se você tiver esse tipo de pensamento, isso atrairá seres que se sintonizam com essa vibração e irão arruinar você, ou muitos fenômenos ruins ocorrerão com alguém em decorrência de seus maus pensamentos.

Conforme sua consciência espiritual e seus sentidos avançarem ainda mais, é importante ser mais humilde e sincero. É preciso que você se esforce de fato para ser uma pessoa íntegra.

Julgar o certo e o errado com base em princípios morais e no bom senso

Como já mencionei no início, quando as pessoas se aprofundam demais nos estudos acadêmicos deste mundo, elas tendem a se tornar menos susceptíveis às inspirações e começam a deixar de acreditar em assuntos espirituais. Isso pode ser perigoso e arriscado, porque esse conhecimento pode plantar sementes de ateísmo e materialismo em uma grande quantidade de pessoas.

Por outro lado, dentre os fundadores de novas religiões, vários deles não estudavam muito. Por isso, não conseguiam discernir entre o bem e o mal, não sabiam diferenciar o que se pode fazer ou não neste mundo.

Mesmo que, no início, o fundador tenha um coração puro e reaja facilmente a coisas espirituais, depois que começar a gerenciar uma organização e assumir uma posição de influenciar pessoas, precisa se esforçar para estudar, adquirir consciência, classificar e raciocinar. É necessário ter discernimento para saber o que é permitido ou não de acordo com a lei ou com os princípios morais deste mundo.

É importante olhar para sua própria conduta como se fosse verificar seu reflexo no espelho, tentando identificar algum distúrbio. Devemos sempre avaliar os frutos de nossas ações e refletir sobre o efeito delas nos outros. É importante não levar os demais à insanidade, confusão ou infelicidade.

Depois de ficar espiritualmente sintonizado para receber inspirações do outro mundo, você deve avaliar o conteúdo com muito cuidado. Por exemplo, se você fosse um escritor, poderia confiar na inspiração para escrever um romance. No entanto, se continua escrevendo mistérios de assassinato, pode acabar num lugar ruim após a morte. Muitas almas de criminosos podem vir para lhe dar inspiração e contar a você como elas mataram alguém, fornecendo detalhes horríveis. Talvez você ache divertido ao perceber novas formas de assassinar e fique rico ao publicar esse tipo de história, talvez seja até considerado um autor de sucesso, mas nada de bom o espera no final. Portanto, não se vanglorie de suas habilidades espirituais como sentir e ler o coração das pessoas; em vez disso, é necessário que você se esforce mais ainda para manter o seu coração limpo, como se ele estivesse num recipiente de vidro, todo exposto.

Na verdade, existem dois aspectos em relação a obter conhecimento neste mundo. Se você tiver muito conhecimento, ele pode pesar como uma armadura de aço e você pode acabar perdendo a sensibilidade; mas, ao mesmo tempo, um certo nível de código moral e bom senso são necessários para julgar o que é certo e errado.

Por outro lado, pessoas que são versadas em assuntos mundanos, têm uma abundância de conhecimentos do mundo e são competentes no trabalho precisam cultivar um coração puro e transparente, com capacidade de apreciar verdadeiramente os belos versos de uma poesia.

Se você sai com frequência para beber e conversar com outras pessoas, gosta de jogos de azar ou costuma se relacionar com delinquentes ou criminosos, e transita por locais com uma atmosfera espiritual ruim, você entrará em sintonia com essas influências espirituais negativas. Então, é melhor evitar essas influências e ficar longe desses lugares. Não há benefícios em se socializar nesses locais.

Você deve ter uma vida disciplinada e ficar atento ao que lê, ouve e assiste, e se concentrar em coisas positivas, em vez de negativas.

6
Como lidar com espíritos malignos e demônios

Pessoas possuídas por espíritos malignos não conseguem estudar meus ensinamentos

Quando a pessoa está possuída por um espírito maligno ou um demônio de nível inferior, tendem a ocorrer situações como as seguintes. Existem diferentes níveis de demônios, mas quando se trata de destruir uma pequena família ou uma empresa, até mesmo os demônios de baixo nível conseguem fazê-lo.

Em geral, quando alguém está constantemente possuído por esses espíritos malignos, não consegue mais ler meus livros. Se você conhece alguma pessoa que sofre de possessão espiritual, tente ver se ela consegue ler algum dos meus livros. Já observei muitos casos em que a pessoa pode ver claramente as letras impressas, mas não é capaz de compreender o significado. Como o óleo que repele a água, ela pode ver as palavras, mas o significado dessas palavras é repelido.

O mesmo ocorre com relação às minhas palestras, que são gravadas e estão disponíveis em diferentes formatos de mídia, como CDs, DVDs e até fitas cassete antigas. Ao tocar para a pessoa afetada, em menos de 5 minutos os espíritos obsessores não suportam e fogem; também há casos em que a pessoa obsediada acaba dormindo.

Falei sobre isso no passado: eu tinha um colega de trabalho que estava sofrendo de possessão espiritual por *inugamis* (maus espíritos caninos). Mais de vinte espíritos malignos de cães o possuíram e o influenciaram de maneiras terríveis.

Infelizmente, como eu era novato na empresa, levando um estilo de vida que usa terno e gravata, não conseguia expulsá-los por completo. Aparentemente, ele era considerado brilhante quando começou a trabalhar, mas acabou sendo posto de lado pelos outros e passou a ser tratado como um peso morto. Ele tinha algum conhecimento sobre questões espirituais e sabia sobre minhas habilidades espirituais, então me pediu para ajudá-lo. Quando toquei uma de minhas gravações, em 5 minutos ele adormeceu diante dos meus olhos, soltando uma bolha de ranho pelo nariz. Eu só tinha ouvido falar dessas bolhas em histórias, mas eu realmente o vi dormindo e soltando uma bolha pelo nariz, em 5 minutos. Isso ocorreu porque os espíritos caninos obsessores não o deixavam escutar. Os seres possessores não deixam escutar mensagens espirituais de espíritos superiores. O poder do sono é um dos truques desses espíritos para impedir que seu hospedeiro ouça e aprenda a Verdade. Devemos estar cientes disto.

Fenômenos semelhantes podem ocorrer durante as minhas palestras e também durante a exibição de nossos filmes. Claro, existem exceções, pois algumas pessoas não têm absolutamente nenhum conhecimento da Verdade, acham o conteúdo difícil e não entendem por esses motivos. Além disso, meus ensinamentos podem ser inacessíveis para crianças pequenas também.

Em vez disso, quando as pessoas ouvem a minha voz, não entendem ou soa abafada para elas, é preciso considerar que um ser possessor está presente o tempo todo. Nesse caso, é preciso que elas decidam lutar com firmeza, caso contrário estarão com o destino praticamente certo depois da morte: serão levadas pelos espíritos obsessores para o reino deles.

Além disso, até o momento da morte, diversos infortúnios poderão ocorrer com aqueles que os cercam, inclusive com os membros da família.

Lutar com orações e preces enquanto conhece seus próprios limites

Houve um período em que os monges dos templos locais de nossa organização levavam pacientes com doenças mentais aos nossos templos para exorcizar os espíritos malignos. Mas com frequência a força dos obsessores era tão forte que, infelizmente, os monges eram derrotados. Eu dizia para eles não exagerarem.

O corpo humano é como uma casa. Algumas casas ainda estão habitáveis após alguns reparos, mas há outras que não podem ser reparadas; são casas abandonadas, com pilares podres, janelas quebradas e paredes em ruínas. Elas podem representar o pior caso de transtorno de personalidade.

Se alguém chega ao ponto de parecer uma casa abandonada, a pessoa infelizmente está sob o controle total dos espíritos que a possuíram. Embora o corpo espiritual da pessoa ainda esteja conectado ao corpo físico pelo cordão de prata, o corpo espiritual já foi expulso, permitindo que outros espíritos controlem o corpo, comportem-se de forma violenta e façam qualquer coisa que quiserem.

Há famílias nas quais um de seus membros fica fora de si e age com violência doméstica, assumindo uma personalidade totalmente diferente. Nesse caso, a alma da pessoa já saiu do corpo e está vagando, enquanto outro espírito, mais violento, tomou conta do corpo.

Algumas pessoas ainda podem ser salvas, mas, uma vez que a condição tenha avançado demais, os espíritos malignos vão reagir com muita violência a qualquer coisa relacionada à Verdade espiritual. Podem atirar alguma coisa sobre quem quer ajudá-las, quebrar objetos ou, num caso mais sério, podem ameaçá-las de morte segurando uma faca.

Lamentavelmente, uma vez que o nível de violência tenha ultrapassado certo ponto, a única coisa a fazer é orar. Se você tentar ajudar a pessoa diretamente, o espírito maligno poderá resistir e agir com violência, agravando a situação. Nesses casos, o melhor é orar ou buscar a ajuda de alguém com maior compreensão espiritual e com mais virtudes do que você.

Um tratamento indireto é solicitar um *Kigan* (oração ritual) em um de nossos templos *shoja*. Mesmo executado de maneira remota, o *Kigan* ainda é eficaz. Portanto, possibilita exorcizar e expulsar o possessor, ainda que a parte em questão não saiba do ritual executado a distância. Às vezes, é melhor você optar por uma solução na qual a pessoa possuída não suspeita tanto. Isso porque, pela abordagem direta, você pode encontrar resistência, deixando a pessoa mais agitada. Se tentasse levá-la ao templo, ela não conseguiria nem colocar os pés na entrada.

Existe uma certa correlação entre o poder espiritual de alguém e o seu poder de exorcismo, por isso é importante saber o que você pode ou não fazer. Você precisa conhecer seus limites e se conscientizar de que deve se aprimorar para fazer o que está além de sua capacidade atual.

Mantenha distância de grupos religiosos suspeitos e de fenômenos espirituais

Quando se trata de realizar mensagens espirituais, eu mesmo coloco o espírito em questão dentro de mim para fazê-lo falar, mas às vezes insiro o espírito em um de nossos canalizadores. No entanto, se o canalizador não tiver feito um aprimoramento suficiente e o espírito que entrar nele for mais forte, ele poderá não conseguir expulsar o ser. Nessas horas, o que é assustador é a possibilidade de um espírito maligno ou um demônio entrar no canalizador e ele não conseguir expulsá-los mais.

Então não fique tão maravilhado com a entrada ou transferência de um espírito em seu corpo. Isso deve ser feito de forma adequada à força da pessoa. Às vezes, é melhor considerar o sentido negativo do ditado "Longe de Júpiter, longe de seu trovão" e ficar longe de riscos potenciais.

Isso é particularmente verdadeiro para pessoas que mudam de religião em busca de salvação. Se pegar uma religião equivocada, o médium pode estar possuído por um demônio ainda maior. Se a pessoa estiver possuída por um demônio de nível inferior, nesse caso pode dar a impressão de que o médium conseguiu retirar aquele demônio[11]. Mas, se o grupo religioso como um todo for suspeito, é melhor manter distância.

Neste capítulo, abordei vários aspectos sobre "o mundo secreto da religião", inclusive muitos pontos introdutórios. Espero que sejam úteis para você de alguma forma.

---

11 Isso pode ocorrer porque o demônio maior que está possuindo o médium pode intimidar e afugentar o demônio menor que está na pessoa. Ver *Akuma kara no bōei jutsu* ("Técnicas de defesa contra demônios", Tóquio: IRH Press, 2017). (N. do T.)

CAPÍTULO DOIS

Como Se Recuperar de Perturbações Espirituais

O segredo das infecções por vírus e possessões espirituais

1
A verdade espiritual por trás das infecções virais e doenças

O que devemos "saber como seres humanos" e que não aprendemos na escola

Neste capítulo, vamos abordar um assunto básico, porém indispensável para aqueles envolvidos com alguma religião. É o tipo de conhecimento que precisamos ter como seres humanos que vivem neste planeta, mas também é uma das verdades que não são ensinadas pela educação, pelos estudos acadêmicos ou pela ciência.

Enquanto o ser humano vive alojado em seu corpo físico, sofre constantemente influências externas, por exemplo, de "seres espirituais", e isso causa transformações na pessoa que está sob essa influência. Você também é um ser espiritual hospedado em um corpo físico que vive recebendo influência de fatores externos, e está sujeito à Lei da Ação e Reação.

Com isso, você pode adquirir certa tendência e passar a assumir um modo de vida distorcido. Então, os seres espirituais que tiverem essa mesma tendência poderão ser atraídos por esse aspecto distorcido e ficar ao seu redor. É uma verdade simples, porém infelizmente as pessoas não entendem. Seria bom se isso fosse ensinado de modo adequado no lar ou na escola desde a tenra idade, mas não é o que ocorre. Ademais, poucas pessoas procuram uma religião para aprender sobre este assunto, o que é lamentável.

As infecções virais são uma espécie de possessão espiritual

O assunto das "perturbações espirituais" é bastante complexo, por isso vou explicá-lo de uma forma simples. Vamos pegar como exemplo o caso recente do novo coronavírus, que se espalhou pelo mundo todo. Na época em que a palestra que originou este capítulo foi dada[12], os infectados chegavam ao redor de centenas de milhares, porém eu tinha convicção de que esse número ultrapassaria 1 milhão e atingiria alguns milhões de pessoas; eu previa também que o número de mortes chegaria a centenas de milhares ou mais.

Porém, dentre os infectados pelo coronavírus existem aqueles com boa resistência física, que se recuperam bem, e outros que evoluem para quadros mais graves, desenvolvendo pneumonia e vindo a falecer. A taxa de mortalidade varia de um país para outro, mas não parece tão diferente quando comparada com a evolução para os quadros graves da gripe (vírus influenza).

Com base em minhas observações e experiências, tenho certeza de que a gripe é causada por uma possessão espiritual. A gripe se espalha sobretudo durante os meses

---

[12] Palestra ministrada em março de 2020. (N. do E.)

frios, e quando há uma queda abrupta de temperatura, uma imensa quantidade de insetos morre, originando espíritos perdidos. Esses espíritos de insetos, por sua vez, se agrupam e ficam flutuando como bolhas de sabão no solo, no campo, entre as árvores e até na cidade.

Das pessoas que caminham pelas ruas, observa-se que algumas são atingidas por eles e outras não. Quando uma pessoa é possuída por esse grupo de espíritos, ela se torna uma espécie de hospedeira, e esses espíritos passam a coexistir naquele corpo. Gradativamente eles se espalham pelo corpo daquela pessoa, podendo até levá-la à morte. Assim, mesmo aqueles seres minúsculos que aparentemente não parecem possuir vontade própria, quando se tornam um espírito coletivo podem agir e provocar uma doença.

A influência espiritual pode provocar doenças e indisposição

Nos casos de uma gripe severa, há situações nas quais se observa a presença de um espírito humano no centro dos espíritos coletivos formados por bactérias e vírus.

Quando se trata de gripe, em geral só há um espírito humano, mas esse espírito não é necessariamente de alguém que morreu de gripe – a pessoa pode ter morrido no hospital em consequência de um acidente ou por alguma doença. Mas esses espíritos têm o mesmo tipo de desejo que as almas dos vírus, bactérias e insetos mortos, que é de "possuir alguém e com isso ressuscitar, ou seja, recuperar a vida que um dia tiveram".

Quando um indivíduo é possuído por esses espíritos, pode apresentar febre alta e manifestar sintomas exatamente iguais àqueles que a pessoa falecida mostrou pouco antes de sua morte. Se conseguir superar essa fase, em torno de uma semana os espíritos irão se afastar. Esse tipo de obsessão espiritual tem maior probabilidade de ocorrer quando a pessoa está com baixa resistência física.

O que acabei de explicar também se aplica às infecções por coronavírus. No Japão, diz-se que a incidência de pessoas infectadas pelo coronavírus irá aumentar nos próximos meses, mas até agora o número de infectados no Japão é muito menor do que o de indivíduos envolvidos em acidentes automobilísticos. Portanto, embora o vírus esteja espalhado por todo lugar, algumas pessoas contraem o vírus e outras não.

Na verdade, as infecções ocorrem com base no mesmo princípio de uma possessão espiritual. Se você conseguir criar as condições para evitar ser obsediado, vai ser capaz de repelir os vírus, mesmo que eles queiram possuí-lo. Isso é o mesmo que a água repelida numa superfície untada de óleo. Desse modo, só porque existem vírus e bactérias no ambiente não significa que você contrairá a doença. Existe um grande número de vírus e bactérias em todos os lugares durante o ano todo; então, entenda dessa forma.

Em alguns casos, as perturbações espirituais causam doenças, mas também podem levar a pequenos problemas

• Como Se Recuperar de Perturbações Espirituais •

de saúde, como uma indisposição. Talvez você sinta um mal-estar ou dor em alguma parte do corpo e, mesmo que procure um médico, pode ser que ele não consiga identificar o problema. Muitas vezes, os médicos respondem que a causa é indefinida, que não sabem explicar.

Eles se esforçam para analisar, estatisticamente, as características em comum entre aqueles que contraíram a doença para tentar achar uma resposta, porém, muitas vezes não conseguem. Isso ocorre porque diversas enfermidades que surgem por razões desconhecidas na verdade são causadas por influências espirituais.

Pessoas que caem no Inferno das Bestas após a morte e assumem a forma de um animal

Ao partirmos deste mundo, vamos para o mundo espiritual; lá existem espíritos de seres humanos e também de animais. Embora as pessoas da sociedade moderna possam achar que este é um assunto de difícil compreensão, também existem espíritos humanos que caíram no Inferno das Bestas e se transformaram em animais – como vacas e cavalos –, como os pais do personagem principal do romance *Toshishun*, de Ryunosuke Akutagawa[13].

---

[13] Ryunosuke Akutagawa (1892-1927) foi um escritor japonês ativo no Japão durante o período Taishō. É considerado o "pai do conto japonês", e ficou famoso por seu estilo e suas histórias ricas em detalhes que exploram o lado negro da natureza humana. (N. do E.)

Cada animal tem suas próprias características distintas. Quando uma pessoa vive de uma maneira que compartilha qualidades ou tendências semelhantes às de um animal específico, após a morte sua alma provavelmente cairá em um lugar chamado Inferno das Bestas e ela assumirá uma aparência similar àquele animal.

Se permanecer por muito tempo nessa forma de animal, a pessoa pode esquecer que algum dia já foi um ser humano, passando a acreditar que essa é a sua aparência original. Isso é muito triste, mas pode acontecer, porque "a mente pode se sintonizar com três mil mundos", ou seja, "o coração do ser humano pode se manifestar de três mil formas", conforme ensinado no budismo.

A noção de almas humanas se transformando em animais não aparece somente no budismo. Na obra *A República*, de Platão[14], há uma descrição feita por seu mestre Sócrates explicando como o espírito humano pode se transformar em figuras de animais. De acordo com certas descrições, algumas almas optam por se transformar em cisnes, para mostrar sua integridade, enquanto outras escolhem ser diferentes animais selvagens. Quando a alma vai para o outro mundo, pode assumir diversas formas, de acordo com a abertura pela qual ela passa. Portanto, a transformação da alma para a forma animal também é descrita na filosofia

---

14 Platão (427 a.C.-347 a.C.) foi um filósofo e matemático grego, considerado um dos principais pensadores de sua época. (N. do E.)

ocidental. Presumo que médiuns espirituais com uma visão profunda possam compreender essas verdades espirituais.

Será que existem em você características de animais?

Quando uma pessoa assume a forma de um animal após a morte, é porque compartilha as mesmas características da alma que cada animal simboliza. Por exemplo, o leão representa a coragem. Aqueles que têm forte tendência a enganar, trapacear, mentir e dissimular transformam-se em raposas. Outros com forte tendência a se afastar dos demais, fugir ou se esconder no seu canto tomam a forma de ratos. Se a pessoa é do tipo que "espeta como agulha" todos os que se aproximam dela, pode virar um porco-espinho.

Algumas pessoas apresentam características de hienas, que se juntam ao redor de animais mortos para devorá-los. Esta não é uma visão agradável, mas sempre que algum animal ou pessoa morre, as hienas ou abutres surgem do nada. No início apenas um, mas logo surgem em bando para se alimentar da carcaça. São bastante sensíveis para detectar o odor de putrefação.

A cobra é outro animal visto com frequência em fenômenos de possessão. Ainda hoje, existem muitas cobras vivendo na natureza, mas, além delas, há muitos espíritos humanos no Inferno das Bestas que se transformaram em figuras semelhantes a uma cobra. Como você pode observar, quem tem uma forte tendência à violência, é vingativo, possui forte desejo sexual, sente rancor ou desconfiança, pode se transformar em uma cobra após a morte.

Quando as pessoas se envolvem em um triângulo amoroso e a situação começa a se complicar, às vezes podemos visualizar a imagem de uma cobra se sobrepondo a essas pessoas e, também, elas podem atrair de fato o espírito de uma cobra. Claro, também pode ser o espírito de outro animal que represente a cobiça ou diversas outras características.

Portanto, quando você faz uma reflexão para verificar se não está sob perturbação espiritual, pode visitar um zoológico ou consultar uma enciclopédia de animais, mas eu gostaria que você analisasse também se sua personalidade não se assemelha à de um animal específico.

Enquanto alguns animais são calmos e pacíficos, outros são desagradáveis e repulsivos. Portanto, verifique se você não possui as características desses últimos.

Em relação aos espíritos de cobra que acabei de citar, há pessoas que, quando são possuídas pelo espírito de uma cobra, podem desenvolver reumatismo. Quando eu utilizo a visão espiritual ou lanço a Luz de Deus sobre pessoas que se queixam de "sentir frio na parte inferior do corpo", "dor nas pernas", "não conseguir movimentar as pernas", às vezes descubro que elas estão sob a influência de um espírito de cobra.

Também há casos em que espíritos de raposas estão possuindo pessoas. Quem tem dores nos ombros pode estar com um espírito de raposa colado em seus ombros ou na nuca.

Podem ocorrer infortúnios na família por influência de espíritos de animais

Embora os animais sejam organismos um pouco mais avançados do que os insetos, muitos deles não conseguem compreender o mundo espiritual após a morte. Os animais querem viver no mundo terreno alimentando-se de algo, mas podem morrer no inverno por escassez de comida. Na sociedade moderna, muitos animais são atropelados por carros e morrem em acidentes. Outros são mortos pelo homem. No Japão, por exemplo, houve um ano em que cerca de cinco mil ursos foram abatidos por caçadores, porque um número cada vez maior de ursos estava aparecendo nos vilarejos em busca de comida.

Do ponto de vista dos animais, sair à procura de comida é natural, e eles não sabem por que foram mortos. Por isso, sua alma pode ficar perdida. Mesmo os ursos têm família: mãe, pai e filhos. É compreensível que sua alma fique perdida se ele tiver sido abatido somente pelo fato de ter procurado alimento para sua família. Às vezes, outros animais selvagens, como macacos e javalis, também podem ir às aldeias em busca de comida.

Em alguns casos, mesmo o gado de corte pode formar grupos de espíritos perdidos. Por isso, na verdade, é bom

• As Leis do Segredo •

que os criadores de gado de corte e aqueles que comercializam carne realizem de vez em quando uma cerimônia em memória a esses animais. Pessoas cujo trabalho envolve a morte de muitos animais precisam ter cuidado, porque isso pode atrair infortúnios e tragédias para os membros da família.

O mesmo pode ser dito dos sacerdotes xintoístas e monges budistas que praticam rituais de purificação e orações em seus santuários ou templos. Muitas vezes ouvimos dizer que seus familiares estão morrendo de formas estranhas, sofrendo de deficiências físicas ou contraindo doenças inexplicáveis.

Provavelmente, isso ocorre porque os sacerdotes e monges não são espiritualmente fortes o suficiente para lidar com os rituais e as orações que realizam e estão sobrecarregados pela energia do pensamento que recebem das pessoas. Como resultado, seus familiares podem ser afetados.

2

Perturbação espiritual causada por sobrecarga

Quando sua vida, seu trabalho e sua personalidade começam a desmoronar

Como as coisas espirituais não podem ser vistas pelos nossos olhos, as pessoas recorrem ao pensamento materialista e tentam encontrar causas materiais para as doenças e os infortúnios. Porém, há muitos casos em que estão sob ação de influências espirituais. Com base na minha experiência da época em que era funcionário de uma empresa, mais de 50% das pessoas estavam sob algum tipo de obsessão espiritual.

Por isso, é bem difícil em termos espirituais estar em um trem lotado em horário de pico. A situação pode ser melhor nas empresas que disponibilizam mesas individuais para cada funcionário, mas, nas empresas japonesas, em que as mesas são todas encostadas umas às outras, os espíritos que estão obsediando um colega podem acabar perturbando os demais e até você; essa é uma situação difícil. Assim, somos constantemente afetados por seres espirituais.

À medida que uma pessoa desenvolve seu lado espiritual, sua sensibilidade vai aumentando. Porém, mesmo com um grau elevado de percepção espiritual, cada pessoa tem um limite daquilo que pode suportar e, quando esse limite é excedido, começam a ocorrer situações difíceis.

Em outras palavras, quando a pessoa está sobrecarregada, lidando com mais questões do que sua capacidade suporta, sua vida diária começa a desmoronar. Já vi muitas pessoas que tiveram seu trabalho ou sua personalidade arruinados. Em particular, fique ciente de que, com relação aos assuntos espirituais, não se pode fugir do problema da sobrecarga.

Quando estiver sobrecarregado, tome providências de forma calma e objetiva

Mesmo que você leve uma vida normal, sem fazer nada de errado, pode sofrer uma sobrecarga se tiver de lidar com uma tarefa difícil, no trabalho, que está além de suas habilidades. Nessas horas, talvez se sinta confuso e preocupado; você pode até querer culpar os outros ou o ambiente e suspeitar que alguém está conspirando contra você ou tentando prejudicá-lo. Ou ainda, você pode ter problemas familiares que a empresa desconhece. Dificuldades no relacionamento com a esposa, noites mal dormidas para cuidar do filho pequeno, brigas constantes porque os afazeres domésticos não fluem; enfim, podem existir muitas razões.

Portanto, quando perceber que a carga que você carrega logo excederá sua capacidade, você precisa olhar para o seu trabalho de maneira objetiva e, com calma, adotar medidas possíveis e fazer os preparativos com antecedência. Mas, se achar que isso é impossível, a primeira coisa a fazer é eliminar o perfeccionismo. Tentar ser perfeito o tempo todo o deixará sobrecarregado pelo excesso de trabalho e você pode acabar entrando em colapso.

A carga que esmaga um indivíduo varia muito de uma pessoa para outra. Por exemplo, a palestra que originou este capítulo foi dada para um pequeno público, e não em um auditório; porém, mesmo uma plateia reduzida pode ser opressora para alguns palestrantes. Se pedirem a um deles para dar uma palestra sobre o mesmo assunto por cerca de uma hora, num instante a pessoa ficará confusa e perturbada espiritualmente, e talvez seja apenas capaz de falar sobre o próprio estado atual de perturbação espiritual e de como pode superá-lo.

As pessoas sempre dão desculpas quando estão sobrecarregadas

Uma pessoa pode rapidamente ultrapassar sua capacidade. Seguindo o exemplo do caso acima, podem existir várias razões pelas quais a pessoa não consegue dar aquela palestra: "Não consigo falar, pois não me preparei", "Não tenho conteúdo", "Não tenho experiência para abordar esse tema", "Não consigo falar sobre esse assunto porque, para início de conversa, não tenho poderes espirituais", "Não consigo porque não estudei o suficiente", "Não tive tempo hábil para me preparar". Enfim, é como se a pessoa fosse fazer uma prova de escola: se sentir que a prova vai ser difícil, pode ficar ansiosa e com medo de tirar uma nota baixa. Há pessoas que se sentem muito sobrecarregadas e têm dificuldade em realizar exames escolares ou prestar vestibular.

Nessas ocasiões, algumas perdem a batalha e desmoronam, e acabam se tornando cães perdedores. Outras podem fugir antes do tempo, evitando enfrentar a situação e inventando desculpas. É provável que muitos parentes da pessoa tenham sido usados como desculpa e considerados "mortos": "Minha avó sofreu um ataque cardíaco", "Meu avô faleceu" ou "Meu pai acabou de sofrer um acidente de carro". Muita gente utiliza esses pretextos para justificar por que não consegue realizar uma tarefa.

Quando uma pessoa se vê diante de um desafio que está além de sua capacidade, procura justificativas que lhe permitam evitar o desafio e tenta se desviar para outro assunto. Ela faz isso porque não quer bater de frente, assim como no jogo de galinhas (*chicken game* ou *chicken race*), em que o perdedor é aquele que se desvia primeiro da colisão frontal quando os competidores partem um em direção ao outro.

No exemplo do exame citado, as justificativas podem ser várias: "Minha família era pobre, e não consegui frequentar um cursinho, por isso não passei no vestibular", "Havia uma boa escola, mas não frequentei porque era longe de casa", "Não consegui estudar porque não tinha dinheiro". Analisando a situação como um todo, quando as pessoas começam a apresentar muitas desculpas, significa que atingiram o limite de sua capacidade. Isso pode ser observado não só nos estudos, mas também nos esportes. Quando os alunos do ensino fundamental ou médio ingressam em uma equipe esportiva da escola, o primeiro mês do ano letivo costuma ser cansativo para eles, e vão sentir muitas dores em todas as partes do corpo. Eles não têm permissão para praticar nada complexo, e fazem somente um treinamento básico como corrida, movimentos de golpes no ar (no *kendô*[15]) e arremesso de bola (no beisebol). E como sofrem bastante no início, muitos desistem nessa etapa. Mas aqueles que conseguem superar essa fase inicial se tornam mais fortes e são capazes de suportar treinos mais avançados.

Eu mesmo entrei para a equipe de *kendô* enquanto cursava o ensino médio e vi muitos alunos desistirem durante o mês de junho – ou seja, alguns meses depois de abril, que é o início do ano letivo no Japão. Nessa época, os dias começam a ficar mais quentes e úmidos e, ao vestir o *men* (capacete), o *do* (peitilho) e a *hakama* (calça vincada), você acaba transpirando bastante e se sentindo mal. Lembro-me de que muitos desistiam nessa época.

Há também aqueles que sempre ficam doentes ou se machucam antes de um grande jogo e não se juntam aos outros para treinar. Pessoas com essas tendências podem estar tentando se proteger evitando desafios, mas precisam refletir sobre o que realmente estão tentando proteger.

---

15 O *kendô* é uma arte marcial japonesa semelhante à esgrima, em que os adversários usam espadas de bambu e estão protegidos por uma armadura composta de capacete e peitilho. (N. do E.)

Observe o mundo e a si mesmo de forma objetiva

Primeiro, é importante sempre observar os outros e ver que tipo de ação produz determinado resultado em um ser humano com base na "Lei das Médias". Se uma pessoa que não pratica corrida regularmente decide de repente entrar em uma maratona e correr 42 km, isso se torna um enorme desafio, e pode se transformar em uma questão de vida ou morte para ela. Da mesma forma, uma pessoa que não tem o hábito de fazer caminhadas não conseguirá escalar uma montanha, de repente.

Existem muitas pessoas que não sabem nadar ou que têm medo de água. Algumas delas podem adquirir essa habilidade após receber aulas e treinamento, mas a parte mais difícil é superar o medo inicial.

Há também aquelas que ficam traumatizadas depois de falhar em alguma coisa, e acabam evitando repetidas vezes situações semelhantes àquelas em que falharam.

Por exemplo, você está em um relacionamento sério com uma pessoa e, por algum motivo, ocorre a separação pouco antes de ficar noivo ou se casar. É natural que se sinta magoado nessa ocasião. Depois de alguns anos, você pode ter um relacionamento com outra pessoa. Mas, se você for muito puro e inocente, poderá arruinar este relacionamento também, assim que enfrentar uma situação semelhante à anterior.

Se você terminou com seu parceiro anterior num dia chuvoso, pode se preocupar que seu novo relacionamento termine de novo porque está chovendo. Ou então, se você terminou depois de ir ao cinema, pode sentir medo de ser convidado para um filme no novo relacionamento achando que o mesmo vai ocorrer. Ou considerar que comer em um restaurante francês pode ser um sinal de ruptura. Dessa forma, quando uma pessoa tem uma ferida no coração e surge uma situação parecida, ela mesma destrói o relacionamento, criando um cenário de fuga. Existem muitos outros padrões semelhantes em circunstâncias diferentes.

Porém, eu gostaria de dizer a todas as pessoas com essa tendência que elas devem olhar ao seu redor e prestar mais atenção em como as outras pessoas da sociedade conseguiram lidar com isso. Todas as pessoas do mundo obtêm sucesso fácil? Não existem casos em que as pessoas falham numa situação em particular? Em que situação elas falharam? É importante que você treine a si mesmo para observar esses pontos de maneira objetiva.

Fragmente seus problemas para evitar sobrecarga

Quando você sente que está prestes a ter um colapso por causa de um problema que está além de sua capacidade, seja no trabalho, nos estudos ou nos relacionamentos amorosos, você precisa reconhecer a extensão de sua capacidade e saber que, a partir desse ponto, estará numa zona de perigo. É importante pensar em formas de reduzir a frequência com que você excede esse limite.

Uma maneira de fazer isso é a "Lei da Fragmentação". A situação se complica se você tenta resolver tudo de uma vez só. Imagine que você recebeu a incumbência urgente de abrir um túnel através de uma montanha e em seguida construir uma nova estrada. Seria quase impossível realizar essa tarefa num único dia; você precisaria de uma potência enorme para fazer isso.

Então, primeiro você precisa fragmentar, calculando o tempo necessário para abrir o túnel – por exemplo, 30 dias –, estabelecer um cronograma de trabalho e definir quantos metros devem ser escavados por dia.

O mesmo pode ser dito sobre a remoção de neve de um telhado. Quando há 1 metro ou mais de neve acumulada no telhado, não se pode remover tudo de uma vez. As pessoas podem cair do telhado ao tentar fazer a remoção. Nesse caso, também é preciso fazer a limpeza em etapas, pois seria impossível retirar tudo de uma só vez.

Isso é igualmente válido para os estudos. Você não consegue resolver todos os exercícios de uma vez. Precisa estudar as matérias aos poucos, como se estivesse empilhando pequenos blocos uns sobre os outros. Então, gradualmente será capaz de adquirir habilidades, e uma hora você perceberá que já domina o assunto.

Já algumas pessoas têm o hábito de esperar até o último minuto para fazer as coisas, o que é muito complicado. Esse tipo de pessoa diz: "Fiquei encurralado, então me esforcei para ser como o Super-Homem só por um dia e passei no exame", "Passei com poucas horas de estudo" ou "Consegui passar chutando as respostas". Existem muitas pessoas assim, mas sou do tipo que não confia nesses métodos, porque nem sempre podemos depender de nossos palpites ou realizar coisas em uma noite só.

Claro, de vez em quando acontecem eventos felizes. Por exemplo, pode ser que você consiga responder a uma questão relativa a um trecho que você revisou por acaso antes do teste, mas isso não ocorre com tanta frequência na vida. Portanto, não recomendo confiar na sorte.

Em geral, sou o tipo de pessoa que não depende da sorte; procuro estudar todo o material para poder responder igualmente a qualquer pergunta. E, quando não consigo responder a uma pergunta, simplesmente aceito como tal.

Não confie em maneiras fáceis de passar em um exame

Já comentei sobre isso em outra ocasião: certa vez, tive sorte na Simulação de Testes Sundai de âmbito nacional para os exames de admissão da universidade. Era um teste de biologia, que escolhi como matéria eletiva de ciências no ensino médio. No dia anterior ao exame, algumas questões difíceis do livro chamaram minha atenção e me concentrei nelas. Prestei o simulado e, para minha surpresa, caíram justamente duas das questões que eu havia estudado, então consegui resolvê-las. Tirei a nota máxima na prova de biologia e cheguei ao primeiro lugar no *ranking* nacional de biologia do Japão.

Mas esses casos são um golpe de sorte em que não se deve confiar. Ter sorte em um exame simulado com certeza significa que o mesmo não vai acontecer no exame de admissão real, porque você já usou toda a sua sorte. Portanto, não há nada para comemorar. Na época, fiquei realmente intrigado com o resultado, e fiquei me perguntando como eu consegui a façanha.

Embora eu não tivesse estudado muito biologia, tirei a nota máxima por causa das duas questões que por acaso eu havia revisado no dia anterior. Esse exame simulado foi feito para os vestibulandos que pretendiam entrar na Universidade de Tóquio, e meu nome foi claramente exibido em primeiro lugar dentre mais de oito mil candidatos da área de humanas. Não vi nada de glorioso, e pensei que seria mais admirável se fosse em matemática, em vez de biologia.

Algumas pessoas podem se sentir bem em tirar o primeiro lugar num exame simulado, mas o mesmo golpe de sorte não acontecerá no vestibular verdadeiro, por isso é bom ser mais cauteloso e ter receio desse tipo de obra do acaso. Quando você estuda com dedicação, não tem essa sensação de que adivinhou as questões da prova por sorte. Esse é um sentimento de quem não estudou o suficiente.

De qualquer forma, sempre existe a possibilidade de ficarmos sobrecarregados por algo que está além da nossa capacidade. Aqueles que falam muito em ficar acordados a noite toda para estudar exatamente no dia anterior ao do exame, na verdade estão fugindo dos estudos, embora saibam que é o que precisam fazer. Essa tendência de fugir de um desafio é bastante comum. Por exemplo, se alguns amigos o convidam para sair quando o período de provas do meio do semestre está se aproximando, você pode querer sair com eles, apesar de saber que precisa estudar antes que seja tarde demais. Antes das provas, você pode estar vagando com seus amigos, que dizem: "Vamos jogar videogame", "Vamos juntos ver um show", "Encontrei uma lanchonete ótima", "Soube de um restaurante que serve um prato com um desconto incrível" e você acaba acompanhando seus amigos. Isso é muito comum.

Mesmo que não saia com os amigos, você pode de repente sentir uma vontade enorme de ler um romance e começar a lê-lo uma semana antes da prova, quando deveria estar estudando. Esse é um padrão clássico para escapar de um desafio, e tem sido usado há mais de um século, mas é assim que você fica sem tempo e acaba estudando desesperadamente na última hora. É importante notar que todos nós temos uma tendência a fazer isso em algum grau.

Com isso em mente, você precisa pensar na melhor maneira de reduzir a pressão que sente no desafio real. Para isso, pode fragmentar em partes iguais as tarefas que precisa realizar e adotar uma abordagem racional para ser vitorioso por ter competência. Mesmo que sua estimativa seja de fracasso, é importante calcular de antemão o que está faltando para o sucesso para não chegar a uma situação de vida ou morte para você. Se você olhar pela perspectiva de Deus, poderá enxergar com maior clareza o que precisa fazer.

Treine para trabalhar num ritmo constante

Tenho observado que as pessoas ficam sujeitas à perturbação espiritual por serem oprimidas por um fardo maior do que podem suportar, sobretudo quando começam a trabalhar na sociedade. Algumas ficam sobrecarregadas quando não conseguem lidar com duas ou três tarefas ao mesmo tempo ou têm um prazo para realizar um trabalho. Outras ficam sob influência espiritual negativa quando enfrentam algo que as deixa ansiosas – por exemplo, um concurso de oratória ou ser escalado para o elenco de uma peça de teatro.

Portanto, nessas horas é importante que você pratique exaustivamente, avalie qual é a sua capacidade média e, com base nela, perceba as possibilidades de sucesso. Em outras palavras, é importante conhecer sua "média de rebatidas", assim como um jogador de beisebol profissional que sabe qual é sua média de rebatidas anual e, portanto, mesmo que passe por um período de estagnação, sabe que conseguirá compensar e ir melhor antes de o ano encerrar.

E, se você tem muita confiança em si mesmo, pode exagerar ao dizer do que é capaz ou fazer uma propaganda enganosa de si, e assumir um trabalho para o qual não tem competência ou que está além do seu alcance. Como resultado, você pode acabar se arruinando, fugindo no último minuto ou causando muitos problemas aos outros.

Se você estiver realmente disposto a superar seus problemas, é muito melhor fazer um esforço diligente para resolvê-los. No entanto, algumas pessoas perdem tempo procurando os outros para falar sobre suas preocupações. Passam a madrugada toda acordadas pedindo conselhos para tentar resolver os seus problemas, causando contratempos também aos outros.

Em vez disso, evite essas situações aumentando seu tempo de treinamento, estudando para ampliar seus conhecimentos básicos, repetindo os exercícios até que possa dominá-los ou decorando suas falas para uma peça, por exemplo. Se você é um artista, pode estudar as técnicas de artistas mais talentosos. Há muitos métodos para superar seus problemas. É melhor usar com eficiência o tempo de que dispõe e trabalhar duro para progredir aos poucos, mesmo que avance somente um passo.

No meu caso, por exemplo, se eu planejasse publicar cem livros por ano, não conseguiria escrevê-los todos ao mesmo tempo. É impossível. Mesmo que me pedissem para escrever dez ou no mínimo oito livros por mês para produzir cem livros por ano, esse número ainda seria um exagero. Porém, se eu treinar para trabalhar num ritmo constante todos os dias, todas as semanas e todos os meses e progredir aos poucos, ao final de um ano terei alcançado a mesma quantidade de trabalho. Portanto, é importante treinar para ser capaz de trabalhar dessa forma, tendo sempre em mente sua "média de rebatidas", e seguir avançando em alguma coisa, sem almejar a perfeição, para produzir um resultado positivo, por menor que seja.

A importância de saber qual é sua "taxa de vitória"

As perturbações espirituais em geral são causadas por preocupações, sofrimento ou emoções conflitantes que acabam atraindo os espíritos infernais e espíritos animais perdidos, que morreram com problemas semelhantes. Nessas horas, você precisa analisar se é possível solucionar esses problemas "fragmentando-os em partes menores" ou "por meio do esforço". Mas, se for algo que você não pode superar por esses meios, reconheça que está além da sua capacidade.

Quando você reconhecer onde está o limite da sua capacidade, decida até que ponto pode trabalhar e o quanto não pode dar conta. Se tiver de lidar com tarefas que devem ser realizadas como uma organização à qual pertence, você pode sugerir mudar a abordagem, criar um plano de curto prazo, simplificar a tarefa ou encontrar pessoas mais competentes para se juntarem à equipe. Às vezes, fazer uma pausa para descansar pode ser uma forma importante de resolver um problema. Enfim, você precisa mudar a mentalidade de diversas formas em algumas ocasiões.

• Como Se Recuperar de Perturbações Espirituais •

Se você estiver sob certa pressão por um período prolongado, sua personalidade começará de fato a se desintegrar. Se isso ocorre na infância, uma pessoa pode desenvolver um complexo que é difícil de ser removido mesmo depois de chegar à idade adulta, segundo Sigmund Freud e outros psicólogos. Mesmo depois de adulto você pode desenvolver novos traumas por ter passado por uma experiência de fracasso. Portanto, é de suma importância estar sempre ciente de sua capacidade de um ponto de vista objetivo, e também observar cuidadosamente a relação de força entre sua capacidade e o potencial de combate dos outros.

E, no final, você precisa prever qual é a sua "taxa de vitórias" ao assumir algum tipo de trabalho. Por exemplo, em uma maratona com 10 mil participantes, a probabilidade de ser o primeiro colocado em geral é de 1 em 10 mil. Se você for mais rápido que um corredor médio, é provável que chegue entre os primeiros 5 mil atletas. Um atleta convidado provavelmente ficará entre os primeiros colocados. Porém, se for um profissional, as ligeiras alterações nas condições no dia da corrida também podem afetar o desempenho dos atletas, o que é outro fator complicador.

Analise a si próprio de modo objetivo, verifique qual é a sua taxa média de vitórias, pratique a "Lei da Fragmentação" e use outros recursos para evitar o máximo possível ficar sobrecarregado e se desgastar. Você deve fazer isso com habilidade, caso contrário não conseguirá interromper a perturbação espiritual.

3
O autoaprimoramento para se proteger da perturbação espiritual

Fica difícil controlar o corpo físico quando se está sob severa perturbação espiritual

Muito semelhante ao acúmulo de neve no telhado, a perturbação espiritual pode fazer com que toda a "casa" desabe se se tornar muito grave. Quando isso ocorre, o corpo não serve mais como um "lar" adequado para a alma, que não consegue mais se manter alojada nele. Então, a alma começa a entrar e sair do corpo ou fica separada dele enquanto ainda está ligada pelo cordão de prata. Nessas circunstâncias, isso permite que outros espíritos entrem livremente no corpo. Quando a perturbação espiritual chega a esse ponto, é muito difícil superá-la.

Em essência, a alma da pessoa precisa ter o poder maior sobre seu corpo físico. Porém, quando a casa está com seus pilares quebrados, janelas destruídas e buracos no telhado, e sua função de abrigar está comprometida, o corpo não funciona mais de forma apropriada como uma "moradia para a alma".

Nesse estado, a alma está apenas conectada ao corpo pelo cordão de prata; ela dificilmente poderá controlar o corpo e impedir o livre acesso de outros espíritos. Assim, não é possível saber quem ou o que está falando por meio daquele corpo.

Ao ouvir uma conversa, talvez não seja aquela pessoa que está ouvindo, mas outra. Nesse estado, a pessoa tem muitas experiências das quais "não se lembra, não está em sua memória", inclusive o que fez. Embora a pessoa não se recorde de ter ouvido ou feito algo, todos os demais ao seu redor continuam dizendo a ela o que aconteceu, então a pessoa começa a duvidar do mundo e dizer que todos estão errados.

Em termos médicos, esta condição costuma ser diagnosticada como "transtorno dissociativo". De fato, há casos em que uma pessoa comete um assassinato por impulso, enquanto seu corpo estava possuído por um outro espírito. Nessa situação, a alma da pessoa está ausente e o espírito de um assassino falecido assume seu lugar no momento do crime. É por isso que certos réus são acusados de assassinato, apesar de insistirem que não se lembram de nada.

A clariaudiência descontrolada atrapalha o trabalho e os estudos

Outro fenômeno que pode ocorrer com você ao desenvolver sua sensibilidade espiritual é o que chamamos de clariaudiência, ou audição espiritual. Talvez comece a ouvir as vozes de vários espíritos a qualquer momento, e não conseguirá evitá-las, mesmo que tape os ouvidos. Se a audição espiritual não for mantida sob controle, será muito difícil trabalhar ou estudar. Se um aluno começasse a ouvir várias vozes enquanto estivesse resolvendo as questões de uma prova, dificilmente conseguiria passar no exame. Para resolver esse problema, algumas pessoas podem colocar fones de ouvido e ouvir continuamente o CD com minha recitação de "As Palavras da Verdade Proferidas por Buda" durante 24 horas por dia, mas, de qualquer forma, é uma situação complicada. Assim, há pessoas que ouvem vozes de espíritos.

Existem também aquelas que podem ver fantasmas o tempo todo. Essa é uma situação igualmente problemática. Em geral, os humanos são felizes por terem sido criados de modo a não verem nem ouvirem os fantasmas. Porém, esse é também um dos motivos pelos quais as pessoas perderam a fé. Por outro lado, ser capaz de ver um espírito também é uma situação angustiante.

Às vezes a pessoa realmente está enxergando um espírito que se aproxima dela, mas também pode ser que ela esteja tendo uma alucinação causada pelo medo. O sentimento do medo às vezes cria ilusões, dando a sensação de que você está vendo um espírito. Isso ocorre porque a mente perdeu por completo a serenidade. Então, em geral as pessoas que conseguem enxergar ou ouvir espíritos podem estar em péssimas condições, e muitas vezes são encaminhadas para um hospital psiquiátrico.

Tenha uma vida disciplinada e fortaleça seu corpo, seu intelecto, sua razão e sua força de vontade

Então, o que fazer para evitar que o pior aconteça? Este é realmente um ponto importante, e meu conselho é levar uma vida disciplinada. Além disso, é fundamental investir no seu condicionamento físico com regularidade. Até um cavalo não conseguirá mais correr se para de treinar. Desse modo, é essencial treinar seu corpo físico. Se está se esforçando para cumprir uma agenda apertada de trabalho, também precisa fazer uma pausa para descansar. É importante que tenha de vez em quando momentos de descanso.

Como mencionei anteriormente, há pessoas que sofrem desses sintomas, como ouvir vozes de espíritos, ter alucinações ou ser incapaz de ver o mundo com clareza, como se ele estivesse coberto por um véu. Essas pessoas, em particular, precisam fortalecer o intelecto e a razão. Além disso, é importante que treinem a força de vontade. Não se pode consolidar a força de vontade do dia para a noite, mas, com uma dedicação diária, com o tempo é possível alcançar esse objetivo.

Por eu ser do tipo que lê muitos livros, alguns críticos dizem que as mensagens espirituais que publico são inventadas. Eles fazem esses comentários porque não entendem o significado do ditado que eu costumo citar: "Saco vazio não para em pé". Se uma pessoa pensa: "O saco pode estar vazio, mas eu consigo trabalhar porque quem fala são os espíritos", logo ela ficará perdida e à mercê dos espíritos, sem saber o que está acontecendo consigo.

Em suma, quando você começa a ter contato com vários espíritos, é ainda mais importante que tenha uma quantidade substancial de conhecimento e mantenha seu equilíbrio entre os assuntos espirituais e mundanos. Os seres humanos possuem diferentes maneiras de pensar, e conhecer "diversos tipos de pensamentos" se torna uma força que vai ajudar você a evitar ser manipulado pelos espíritos.

Conhecer a "Lei de Causa e Efeito", ser intelectual e racional

É muito importante entender também como as coisas acontecem com base na "Lei de Causa e Efeito", ou Lei de Causalidade. Este ponto está relacionado com a racionalidade de uma pessoa.

Quando o intelecto básico de um indivíduo não passa do nível de mera superstição, ele acaba acreditando em tudo o que os espíritos dizem. Aqueles que não conhecem a Lei de Causa e Efeito não são racionais e podem cometer atos absurdos. Por exemplo, uma pessoa pode ouvir a voz de um espírito dizendo: "Se você pular do topo deste edifício, ficará livre e irá para o Céu" ou "Você é um anjo; então, mesmo que pule do telhado do prédio, outros anjos virão salvá-lo carregando você em suas asas", e ela acaba obedecendo.

Nos hospitais psiquiátricos dos Estados Unidos, quando um paciente afirma ser a reencarnação de uma pessoa famosa, aparecem nomes de várias personalidades, mas o que costuma ser mais citado é o de Jesus Cristo. É uma situação realmente difícil e delicada. Eles ouvem um espírito vindo até eles dizendo: "Você é Jesus Cristo". Entendo que eles queiram acreditar nessas palavras, porém ao menos precisariam conhecer quem foi Jesus, como foi sua vida, seus pensamentos, como ele é descrito no Evangelho. Entender ou não como Jesus agiria em determinadas situações é crucial.

Eles podem insistir: "Eu não preciso estudar a Bíblia nem ouvir, pois eu o conheço. Sou Jesus porque sou Jesus, e farei a obra de Jesus". Desse jeito, eles não saberão o que está dentro desse "saco vazio", que pode ser somente "um gato fazendo bagunça". Por isso, à medida que você vai desenvolvendo poderes espirituais, paradoxalmente se torna fundamental ser intelectual e racional.

Se você desenvolve habilidades espirituais, significa que tem alta sensibilidade e transcendentalidade. Em geral, quando uma pessoa tem inclinações mais fortes para o intelecto e a razão, fica menos suscetível à inspiração, tende a se tornar incrédula e rejeitar assuntos espirituais. Mas, se você começar a ouvir, enxergar e sentir coisas espirituais, precisará se aprimorar constantemente como ser humano, para se tornar mais perspicaz. Caso contrário, quando receber maiores responsabilidades em seu trabalho ou se tornar mais influente, você ficará sobrecarregado além de sua capacidade e começará a desmoronar.

Não há problema quando você está simplesmente partilhando suas experiências espirituais com seus amigos, brincando, contando a eles sobre um espírito que o visitou e o que ele disse. Alguns atores comentam terem visto um anão ou terem encontrado um fantasma numa viagem de filmagem. Desde que essas histórias sejam contadas em seus camarins, tudo bem, mas, se eles começarem a falar constantemente sobre essas experiências espirituais a todo momento, inclusive no trabalho, então a situação ficará mais séria.

O importante é saber que, ao se tornar sensível espiritualmente, você não conseguirá se proteger se não desenvolver seu intelecto e sua razão. Eu gostaria que você se fortalecesse nesses aspectos para que a "barragem" não seja rompida.

Você deve pensar sob a luz da inteligência e da racionalidade e, se encontrar algo que de nenhum modo segue a Lei de Causa e Efeito, deve rejeitá-lo com firmeza e determinação, como num golpe de espada. Por exemplo, se um espírito lhe disser para pular do topo de uma montanha porque um anjo virá para salvá-lo, você deve ser capaz de censurá-lo dizendo: "Quem está sussurrando isso é o diabo". Você precisa pelo menos saber que geralmente são os demônios que dizem essas coisas.

Mesmo que o papa pense que precisa ter habilidades semelhantes às de Jesus e tente andar sobre as águas de uma piscina, provavelmente vai acabar afundando na hora. Nesse caso, a pessoa deve saber a diferença entre Jesus e ela mesma. Milagres às vezes acontecem, mas é necessário analisar a situação com calma.

Dedicar-se aos estudos da Verdade evita que você seja enganado pelos espíritos

Outro ponto que requer atenção é o seguinte: quando você desperta espiritualmente, torna-se cada vez mais sensível às questões espirituais e fica mais suscetível às influências dos espíritos, fica mais fácil para outros espíritos assumirem o controle da sua personalidade. Portanto, é imprescindível que você faça um esforço genuíno para se tornar uma pessoa melhor e elevar seu caráter como ser humano. Mesmo com relação à maneira de se expressar, é importante usar palavras boas e evitar termos rudes que possam magoar os outros. E você pode querer usar a violência alegando que está exercendo o castigo de Deus, mas, é claro, precisa ser capaz de enxergar o erro nessa atitude.

Existem pessoas que enganam ativamente os outros, mentem e trapaceiam. Algumas são ainda piores: planejam fazer com que os outros caiam numa armadilha, encurralando-os até que caiam. Em vez de mentir ou trapacear impulsivamente, tentam destruir os outros com ciladas para arruiná-los. Ou ainda, algumas procuram reunir simpatizantes iludindo indivíduos de pouca inteligência e que facilmente caem na conversa, e assim, em grupo, tentam destruir uma vítima sua. Existem inúmeras situações, mas eu gostaria que você adquirisse força intelectual e racional em um nível no qual, com a intensidade média delas, você seja capaz de aniquilar as armadilhas preparadas pelos outros.

Haverá momentos em que Deus ou Buda o salvará, mas você não pode esperar receber ajuda o tempo todo. Se suas ações estão atraindo incidentes negativos, as consequências com certeza acabarão voltando para você. Por isso, você deve ser forte contra qualquer armadilha para sua queda.

Uma vez que as pessoas começam a ouvir as vozes dos espíritos, algumas acreditam 100% no que eles dizem, mas os espíritos nem sempre estão certos. A Happy Science publica muitos livros sobre a Verdade Búdica, por isso eu gostaria que você tivesse a postura de estudar a Verdade continuamente. Os espíritos que estão há muito tempo no Inferno ou no Mundo do Verso[16], em particular, não estudaram muito a Verdade. Desse modo, ao se dedicar aos estudos da Verdade, você conseguirá repelir as palavras e a sedução desses espíritos.

---

16 O mundo espiritual é composto por vários reinos ou dimensões diferentes, dispostos em "camadas" horizontais e verticais. O Mundo do Verso, também conhecido como Pequeno Céu, encontra-se na parte de trás do Mundo Celestial; consiste em vários reinos habitados por espíritos como *tengu*, *sennin*, *yōkai* e *yōko*. Ver *As Leis do Sol* (São Paulo: IRH Press, 2015). (N. do T.)

Além disso, eles não usam apenas palavras que nitidamente se opõem à Verdade; podem distorcê-las fazendo trocas sutis e inserir ideias falsas em suas frases. Por exemplo, eles podem dizer: "O importante é o amor, não é? Então, para praticar esse amor é preciso saber seduzir os outros. Você precisa melhorar sua técnica de sedução para que eles fiquem atraídos por você". Ou podem usar o álcool dizendo: "A bebida alcoólica é um estimulante útil para se dar bem com os outros". Eles podem também ludibriar, mentir, tentar vários métodos para enganar, fazer a pessoa perder a autoconfiança e acreditar que ela não vale nada.

Pessoas com distúrbios mentais precisam se esforçar para manter a mente serena por meio da razão

Algumas pessoas têm transtorno bipolar (antigamente chamado de psicose maníaco-depressiva), um distúrbio caracterizado por mudanças extremas de humor, que alternam episódios de euforia extrema com períodos de depressão intensa. Quem apresenta essa condição psiquiátrica oscilando intensamente está mais propenso a sofrer perturbações espirituais, pois os espíritos conseguem obsediar com facilidade aqueles que sofrem oscilações mentais. Por isso, é imprescindível manter a "estabilidade mental".

Mas o que aconteceria se você considerasse determinado comportamento aceitável e que não seria preciso fazer uma intervenção? Por exemplo, quando você tem uma tendência ao sadismo e adquire o hábito de acusar os outros ou abusar das pessoas, esse perfil passa a fazer parte de sua personalidade. Por outro lado, se você tem uma tendência ao masoquismo, procura se punir, concentrando-se em provar o quão inútil é você e "aprecia" fazer isso todos os dias, pode chegar ao ponto de não ter mais salvação. Portanto, se você tem alguma dessas tendências, faça um esforço para desenvolver o poder da razão e ver as coisas por uma perspectiva ampla e baseada em estatística – isto é, como indivíduos de determinado sexo, idade, escolaridade, carreira e estrutura familiar costumam pensar –, embora pessoas espiritualizadas não gostem dessa abordagem. Quem sofre de mudanças extremas de humor em geral é vulnerável à influência espiritual, então eu aconselho que faça um esforço para manter a mente serena, tanto quanto possível.

4
A mente polida como um espelho repele maldições

Aqueles que se desviam do grupo tornam-se um alvo fácil

Quando você desenvolve sua sensibilidade espiritual e abre seu canal espiritual, na maioria das vezes não consegue voltar à sua condição anterior. Mas, nessas circunstâncias, o que vai protegê-lo são "os estudos da Verdade", "a fé" e os "amigos do Darma".

Você realmente estará protegido por pertencer ao grupo de amigos com fé. Saiba que aqueles que se afastam do grupo tornam-se uma presa fácil.

Os meios de comunicação muitas vezes menosprezam e ridicularizam as religiões e afirmam que não acreditam naquilo que não é visível a olho nu. Quando eles veem pessoas da mesma fé frequentando igrejas ou templos e se reunindo para estudar a Verdade juntas, simplesmente misturam todas as crenças e dizem que "elas sofreram uma lavagem cerebral", causando inquietação. Mas ter amigos com a mesma fé é importante para se proteger e não ser totalmente derrotado pelo mal, pois um dos métodos que os demônios usam para atacar uma pessoa é fazer com que se afaste do grupo para deixá-la isolada. Portanto, tome cuidado com essa tática.

As pessoas se afastam do grupo principalmente porque se acham muito importantes, são arrogantes, às vezes têm tendência a se vangloriar ou mentir, têm um forte desejo de fama e honraria ou são muito orgulhosas. Com certeza elas possuem várias características que os outros irão elogiar: podem ser inteligentes, atraentes, pertencer a uma família tradicional ou rica, ter uma casa luxuosa, uma profissão respeitável, ancestrais ilustres ou filhos inteligentes. Elas podem ter qualidades superiores aos demais. Porém, quando a vaidade é exacerbada, essas pessoas começam a acreditar que são diferentes dos outros, acabam se isolando e se tornando alvos fáceis.

Por esse motivo, é importante que você permaneça humilde e continue fazendo esforços constantes. Mesmo que você eventualmente tenha sucesso, torne-se popular entre os amigos ou produza ótimos resultados, é melhor dizer a si mesmo que você teve sorte desta vez e que nem sempre isso irá ocorrer.

Não se atenha às glórias do passado e amplie o limite de suas responsabilidades

Costuma-se dizer o mesmo em relação ao vestibular. No ano em que entrei na faculdade, um dos professores nos disse algo como: "Todos vocês passaram nos exames, mas, se prestarem o vestibular no ano que vem, menos de 20% de vocês serão aprovados. É assim que as coisas são, então não presumam que conquistaram uma posição ou um *status* sólido. Foram aprovados porque, por sorte, o material que estudaram era compatível com as questões da prova. Mas 80% serão reprovados se prestarem o vestibular no próximo ano".

Nesse sentido, você pode ter sido bem-sucedido nos exames simplesmente porque teve sorte. Claro, não tem problema que se sinta confiante por ter passado nos exames, mas é importante permanecer humilde e seguir com esforços contínuos.

Quem fica revivendo as glórias do passado tende a retardar a entrada na fase adulta. Na época da formatura, por exemplo, a pessoa pode evitar procurar um emprego, tomar decisões sobre seu futuro ou, ainda, continuar dependendo dos pais.

É preciso ter maturidade compatível com a idade; você deve ser capaz de cuidar de si mesmo e começar a assumir responsabilidades também pelos outros. Precisa ser responsável por sua família, inclusive seu cônjuge, filhos, pais e irmãos. No trabalho, você deve estender essa reponsabilidade aos colegas e subordinados da empresa. Também deve ser responsável por seus vizinhos e por cumprir o papel que lhe foi atribuído na sociedade. Assim, deve expandir o alcance de sua responsabilidade. E, para que isso ocorra, é importante que aumente sua capacidade, desenvolvendo as habilidades que possui agora por meio de esforços constantes, e sendo capaz de fazer diferentes trabalhos.

Os preceitos são como muros de proteção para evitar que você caia de um penhasco

Seguir à risca todos os preceitos ou disciplinas que têm sido estabelecidos desde a Antiguidade não garante o seu sucesso. Muitos deles foram definidos com base em tendências gerais que levaram as pessoas ao fracasso. Por exemplo, algumas religiões proíbem o consumo de bebidas alcoólicas porque muitas pessoas fracassaram devido aos seus hábitos de beber. "Não matarás" é outra regra comum porque, com certeza, quase nada de bom acontece quando se tira a vida de alguém.

No entanto, se você é um militar, pode enfrentar uma situação na qual precise matar alguém para cumprir seu dever. Um policial talvez tenha de atirar e matar um criminoso durante um tiroteio. Mesmo assim, tirar uma vida pode ser difícil para a consciência. Por mais que um policial seja admirado por suas qualidades após matar vários criminosos, é compreensível que ele sinta necessidade de frequentar uma igreja.

Existem muitos preceitos ou disciplinas que servem de muro de proteção para que você não caia de um penhasco. Por isso, pense sobre a melhor forma de viver sua vida nas condições atuais.

O *ikiryō* e o *shikigami* podem ser repelidos pela "lei do espelho"

Há casos em que sua vida segue desgovernada devido a uma causa espiritual; o *ikiryō* de alguém pode vir para possuí-lo ou, então, uma pessoa que frequentemente envia seu *ikiryō* pode despachar seus "serviçais" espirituais para atacá-lo. Assim, muita gente pode de fato fracassar por ter sido vítima do "ataque mental de rancor" de outra pessoa; então, por favor, tenha cuidado.

O princípio é o mesmo do espelho: se você mantiver sua mente polida e brilhante como um espelho, conseguirá repelir esses espíritos. Mas, se estiver no mesmo ringue que seu oponente, conseguirá acertá-lo com seus "socos", mas também será atingido pelos golpes do inimigo. O importante é você se esforçar para não ficar no mesmo ringue que seu oponente. Contanto que mantenha seu "espelho" limpo, os pensamentos negativos serão repelidos.

Algumas pessoas enviam seu *ikiryō* ou os "serviçais" de seu *ikiryō* – equivalentes aos *shikigamis* que os *Onmyōjis*[17] (mestres Yin-Yang) usam – para atacar espiritualmente outras pessoas. Então, é preciso dominar a arte de repelir espíritos. Essa técnica consiste em criar um estado de espírito

---

[17] *Onmyōji*: um tipo de mago que, desde tempos antigos no Japão, veio se dedicando no Onmyōdō, um sistema constituído por ciências naturais, astronomia, calendário e magia que se desenvolveu independentemente no Japão, com base na Teoria do Yin-Yang e dos Cinco Elementos consolidada na China antiga. (N. do T.)

que permite que você "tenha a mente unida a Deus e Buda" e mantenha a mente tão calma quanto um espelho polido ou a superfície de um lago parado.

Esse espelho polido mostrará a imagem demoníaca ou animalesca do oponente vindo atacá-lo. Então, em princípio, você precisa criar uma mente semelhante a um espelho que irá refletir os desejos repudiáveis da outra pessoa de infligir dor em você, levá-lo à ruína ou destruir sua vida. Desse modo, eu gostaria que você polisse sua mente e fosse capaz de repelir esses pensamentos negativos.

A deusa Amaterasu-ōmikami[18] muitas vezes é representada por um espelho redondo, que simboliza o ensinamento para criar uma mente semelhante a um espelho. Enquanto mantiver a mente assim, você não será derrotado por tentações diversas.

Porém, se você está sob constante ataque dos pensamentos ilusórios de alguém, mas não pode se afastar daquele ambiente, precisará se esforçar para resolver o problema de algum jeito. Nesses casos, talvez seja necessário que alguém confronte aquela pessoa sobre o problema e aponte os erros em sua maneira de pensar. Mas, em geral, você consegue repelir a maioria dos pensamentos negativos com a "lei do espelho". É assim que eu geralmente luto.

---

18 Amaterasu-ōmikami é uma deusa xintoísta nascida há cerca de 2.600 anos na atual província japonesa de Ōita e que se tornou a rainha de Takachiho. Desde seu retorno ao mundo espiritual, ela vem sendo cultuada como um espírito guia no xintoísmo. Ver *As Leis do Sol* (São Paulo: IRH Press, 2015). (N.do E.)

Na vida real, você pode ser alvo de vários ataques mentais ou de pensamentos malignos; então, há momentos em que precisa rebater racionalmente seus pontos e lutar para contra-atacar. Às vezes, você pode ter de fazer isso como parte do seu trabalho. Porém, fora essas situações, procure repelir quaisquer pensamentos negativos com uma mente semelhante a um espelho, para que as sementes do ódio não sejam plantadas em sua mente. É como se você estivesse dando uma ordem para o *ikiryō*: "Volte para aquele que o enviou". É muito importante repelir sentimentos de ódio e desconfiança ou maldições dos outros para matá-lo ou destruí-lo dessa forma.

5

Cresça como ser humano e eleve sua capacidade

Seja forte também nas lutas de longa duração

Abordei aqui o tema da recuperação daqueles que estão sob perturbação espiritual, mas, basicamente, durante o processo de crescimento como ser humano e de autorrealização no verdadeiro sentido da palavra, surgem diferenças nos níveis de capacidade de cada indivíduo. Quando há uma grande disparidade entre as suas habilidades gerais como ser humano e as de seu oponente, você conseguirá vencer sem lutar. Portanto, é importante trabalhar para aprimorar ainda mais suas habilidades, um degrau por vez.

Em relação a questões maiores que envolvem toda a sociedade, não há muito que você possa fazer como indivíduo. Mas os períodos difíceis em geral não são duradouros. Portanto, cada um precisa pensar em formas de perseverar durante essas fases e se proteger habilmente com um escudo ou se abrigar numa "carapaça de tartaruga" até que os tempos difíceis passem. Por exemplo, mesmo que haja uma recessão econômica, ela não durará para sempre. Em meio às dificuldades, é importante que você seja criativo e original para encontrar o seu caminho para viver.

Aqueles que sofrem perturbações espirituais com facilidade tendem a pensar a curto prazo e decidir agir com base em perspectivas de curto prazo, mas precisam ser fortes em lutas de longa duração. À medida que persistem, esses indivíduos podem descobrir que cresceram de modo significativo, mesmo sem perceber. E quando não forem mais um "saco vazio", eles perceberão que o oponente que estavam enfrentando desapareceu. Assim, quando você se tornar alvo de pensamentos negativos, é ainda mais importante lembrar-se de que seus esforços, conquistas e virtudes ainda estão longe de ser satisfatórios e que você deve trabalhar para construí-los.

O caminho é infinito – almeje avançar continuamente na vida e no trabalho

Em todos os relacionamentos existe a questão da afinidade. Você vai encontrar pessoas com as quais tem afinidade e outras com quem achará difícil se relacionar, e isso não pode ser evitado. Não se consegue ser amado por todos. Mesmo Jesus Cristo, que pregou o amor, não foi amado por todas as pessoas; ele também encontrou inimigos na época. Portanto, isso é inevitável.

Quando um senso de valores está envolvido, você pode enfrentar inimigos. Nessas ocasiões, é importante viver de forma honesta e repelir o que precisa ser repelido. Claro, há coisas que você consegue refutar e outras não. Mas é essencial apontar claramente os erros nas ações dos outros à luz da Vontade de Deus.

Quando sou confrontado por vários *ikiryōs* ou espíritos malignos, às vezes consigo afastá-los conversando, mas em algumas ocasiões falar não é suficiente. Nessas horas, provoco uma descarga de raio vinda do Mundo Celestial – como um choque elétrico – para expulsá-los.

O caminho é infinito e difícil. No entanto, continue desejando avançar em sua vida e no trabalho. Acredito que essa atitude é essencial. Também é importante estar determinado a "não permitir que ações más sejam cometidas além de um certo limite".

Neste capítulo, expliquei como as pessoas que estão sob perturbação espiritual podem se recuperar. Pode haver ocasiões em que você tenha de enfrentar pessoas que estão sob perturbação espiritual, mas não são as únicas. Você mesmo pode estar sob perturbação espiritual. Você precisa pensar em tomar precauções nesse caso também.

Compartilhei aqui alguns dos meus pensamentos de uma forma geral, com base em minhas próprias experiências. Espero que possam servir como referência daqui por diante.

CAPÍTULO TRÊS

Os Pré-Requisitos para o Verdadeiro Exorcista

O ritual secreto espiritual para exorcizar demônios

1
A essência do exorcista

É grande a diferença entre conhecer ou não os "segredos do mundo da mente"

Com relação ao tema deste capítulo, já lancei um livro intitulado *O Verdadeiro Exorcista*[19]. Também publiquei em formato de livro duas de minhas palestras em inglês, *The Real Exorcist* ("O Verdadeiro Exorcista") e *How to Create the Spiritual Screen* ("Como Criar uma Tela Espiritual"), junto com suas traduções para o japonês. Como já dei muitos ensinamentos sobre esse assunto, alguns pontos que apresento aqui podem parecer repetidos, mas resolvi abordar esse tópico de novo para analisá-lo em maior profundidade.

Porém, é extremamente difícil falar sobre esse assunto usando apenas palavras, pois algumas coisas só podem ser compreendidas por meio da experiência real. Por isso, esse tema pode estar em um nível de iluminação impossível de explicar por meio de palavras, mas somente de coração para coração. Algumas pessoas conseguem compreender isso instantaneamente, enquanto outras não, por mais que se dedique horas e horas explicando isso a elas.

---

19 São Paulo: IRH Press, 2020.

Em certo sentido, esse tópico pertence ao mundo do aprimoramento espiritual e ao reino dos especialistas, cujas habilidades e estado de espírito são diferentes daqueles das pessoas comuns. É como o espadachim que consegue reconhecer de imediato o nível de seu adversário apenas olhando para ele, sem realmente lutar usando uma espada. Esse é um mundo que tem relação com o mundo espiritual, ou seja, trata-se do reino da mente. Portanto, é especialmente importante a forma como sua mente faz as conexões e as rejeições.

O mundo da mente é de fato místico. A mente de uma pessoa pode entrar em sintonia imediata com alguém do outro lado do planeta ou até mesmo com algum ponto do imenso espaço cósmico. Depois de compreender os segredos do mundo da mente, você saberá que a mente pode de fato se expandir até o infinito, como abrir a mão, e pode se contrair em um único ponto, como fechar a mão. Contrair até um ponto e se expandir até o infinito – é assim que parece.

Eu tenho contato com esse mundo como parte do meu trabalho há décadas, mas ainda hoje não deixo de ter uma sensação mística. Quando leio livros sobre exorcistas e assisto a filmes sobre exorcismo, muitas vezes acho que suas representações são bem diferentes daquelas que eu experimento. Embora às vezes haja semelhanças com o que sinto na prática, na verdade há uma enorme lacuna entre as obras criadas exclusivamente com base na imaginação e aquelas baseadas em conhecimentos reais adquiridos com a experiência.

Por isso, não importa quantas vezes eu explique esse assunto, temo que meus ensinamentos não alcançarão as pessoas além de certo nível; isso não é possível a menos que elas tenham entendido os ensinamentos como verdade em sua mente ou pela experiência. Algumas jamais entenderão o que eu digo.

Continue polindo sempre as qualidades que afastam os demônios

Ao estudar e passar pelo treinamento espiritual em nossa organização, você pode se tornar espiritualmente sensível e desenvolver uma disposição espiritual até certo ponto. Se o seu coração estiver harmonioso, às vezes poderá se comunicar com seu espírito guardião ou espírito guia ou até combater maus espíritos. No entanto, isso também depende do nível dos espíritos com os quais está lidando.

Se você ainda não despertou nem alcançou uma consciência espiritual mais avançada, é improvável que receba arcanjos superiores, grandes *tathagatas* ou seres divinos. Isso é normal. Mas, se você se tornar presunçoso e arrogante nesse estágio, acreditando erroneamente que consegue entrar em sintonia com espíritos superiores por se considerar um grande deus, um *tathagata* (Arcanjo) ou *bodhisattva* (Anjo), sem mesmo ter feito o aprimoramento necessário, sua sintonia pode ser trocada por outra, e assim você poderá passar a ser manipulado por seres invisíveis indesejados.

Existem muitos indivíduos que trabalham como médiuns espirituais ou que fundam pequenas seitas e grupos religiosos com esse baixo nível de consciência espiritual. Mas, em geral, o princípio da democracia funciona bem e, mesmo que realizem atividades comercialmente, da mesma forma que o setor de serviços, é difícil para eles terem um grande número de seguidores. Isso porque os clientes podem sentir se o médium passa algo positivo ou negativo; se o médium estiver sempre dominado por más entidades, os clientes tenderão a se distanciar e dificilmente o grupo se tornará uma grande organização.

Mesmo assim, alguns desses médiuns ainda atraem muitos seguidores por necessidades específicas. Eles aliciam pessoas que buscam obter alguma graça ou perdão pelos seus pecados.

Esses médiuns, que de acordo com a Happy Science são manipulados por entidades malignas, podem passar a influenciar um grande número de pessoas ou comandar uma organização de certo porte; nesse caso, é preciso ter muito cuidado com isso.

Em última análise, o pré-requisito para o verdadeiro exorcista é ser capaz de conviver com outras pessoas quando a sua verdadeira natureza e a dos outros são expostas. Por exemplo, você seria capaz de fazer companhia a outras pessoas se pudesse ler seus pensamentos e sentimentos e fazê-las ler os seus durante seu convívio social ou profissional, ou mesmo quando se reúne com elas na sala de es-

• Os Pré-Requisitos para o Verdadeiro Exorcista •

tar? E se você também fosse capaz de ler os pensamentos do cliente que está atendendo, conseguiria se relacionar com ele? Se quiser distância dele, se sentir que o rejeita e não quer reencontrá-lo nunca mais ou não quer que ele o visite amanhã, você não poderá mais encontrá-lo. Enfim, essa é a realidade.

Portanto, embora existam diferentes maneiras de descrever um exorcista, sua essência reside na atitude de sempre aprimorar as qualidades que afastam os demônios. Essa é a parte difícil.

2

As condições para os humanos sobreviverem e as condições para os demônios atacarem

O jejum facilita a sintonia com os espíritos de humanos ou de animais que morreram de fome

Para que os humanos vivam e sobrevivam neste mundo da terceira dimensão, ou mundo material, são necessárias algumas condições. Ninguém pode escapar de todas elas. Todos vivemos sob determinadas condições. Por exemplo, não podemos sobreviver sem comer ou beber água. Não podemos viver sem nos relacionarmos com outras pessoas. Na sociedade moderna, precisamos de poder econômico; queremos também ter uma moradia, seja uma casa ou um apartamento. Além disso, precisamos de um ambiente que nos permita trabalhar, e precisamos manter um corpo saudável e prevenir doenças, deficiências ou exaustão que nos impeçam de trabalhar.

Graças a essas condições conseguimos uma sobrevivência adequada neste mundo. Mas algumas dessas condições que nos permitem viver e sobreviver têm uma correlação inseparável com os fatores de ataque dos demônios. Por exemplo, o jejum é uma prática comum nas religiões. Contudo, na realidade é muito difícil para uma pessoa evocar um espírito superior, entrar em sintonia e se comunicar com ele depois de jejuar por uma semana. Sua mente estará voltada apenas para a comida, então é mais provável que atraia seres que compartilham um estado de espírito semelhante.

Nas montanhas e florestas, muitos animais selvagens morrem de fome durante o inverno, devido à escassez de comida. Eles vivenciaram o medo de morrer causado pela falta de comida. Portanto, a mente daqueles que praticam o jejum às vezes pode estar em sintonia com esses espíritos de animais.

Há também espíritos de humanos que sofreram situação semelhante. Por exemplo, muitas pessoas morreram durante a guerra porque continuaram lutando, apesar da grave escassez de alimentos. Esse é um estado de espírito difícil de superar. Claro, esse estado de sofrimento não dura muito para aqueles que tinham algum conhecimento sobre o mundo da Verdade e foram capazes de aceitar a própria morte. Mas o espírito daqueles que ainda não entenderam que morreram continuará a sofrer e pode entrar em sintonia com pessoas que praticam o jejum.

Em particular, os praticantes de treinamento ascético que se isolam nas montanhas e realizam romarias ou jejum acabam se sintonizando com muitas almas penadas que morreram praticando exercícios semelhantes. Mas, no início, eles podem achar que estão ouvindo a voz de Deus, de Buda, de *tathagatas* ou *bodhisattvas*. É preciso tomar cuidado, sobretudo quando há uma carência extrema, pois essa carência faz com que você fique com o pensamento fixo. Buda Shakyamuni pregou o "Caminho do Meio" porque compreendeu profundamente esses perigos por meio de sua própria experiência.

A relação entre os pré-requisitos do verdadeiro exorcista e a situação econômica

Muitas religiões têm uma longa história, e a maior parte delas ensina a ideia de pobreza honesta. Não sou necessariamente contra essa ideia; prefiro pensar que é bom praticar a filosofia de "ser pobre e honesto" enquanto o indivíduo está na fase de aprimoramento espiritual.

No entanto, hoje em dia muitas pessoas levantam questões sobre pobreza e desigualdade econômica. De fato, analisando de maneira objetiva, podemos dizer que aqueles que vivenciaram a miséria e a falta de bens materiais ou dinheiro em níveis extremos durante a infância ou adolescência têm maior probabilidade de se envolver com o mundo do crime. Também é comum que eles invejem os ricos. Portanto, é importante lutar para adquirir certa estabilidade financeira.

De fato, é a escassez que tende a se tornar uma justificativa para convencer as pessoas a tolerarem os crimes. Cidades grandes como Tóquio possuem abundância de coisas em todos os lugares. Se uma pessoa estiver passando fome

• Os Pré-Requisitos para o Verdadeiro Exorcista •

ou não tiver dinheiro em sua casa, é até compreensível que ela sinta que não há nada de errado em roubar um pouco dos ricos. Existem até filmes de cinema ou novelas de tevê que justificam esse tipo de atitude. Este é com certeza um problema delicado, mas, de qualquer modo, precisamos ter consciência de que essas ações não são celestiais.

Por outro lado, quando os pais são bem-sucedidos, ricos, proprietários de grandes terras ou conglomerados e são afortunados, seus filhos têm uma tendência à degradação moral. Uma pessoa que desde infância passa a vida em meio ao luxo excessivo pode se corromper; num ambiente com excesso de dinheiro, ela acaba não entendendo o que significa trabalhar para ganhar dinheiro. Além disso, pode se tornar dependente da ajuda alheia, começar a menosprezar e ridicularizar os pobres ou aqueles que têm empregos regulares. Infelizmente, também existem aspectos perigosos na opulência.

Quanto a mim, tive uma adolescência e fase de adulto jovem bastante simples. Aprendi o conceito de Benjamin Franklin de que "tempo é dinheiro" e procurei me esforçar para usar o tempo de forma eficaz e gerar riqueza econômica. Por meio desses esforços, aprendi na pele a importância de ganhar dinheiro para pagar as despesas de vida, com educação e livros para estudar.

Mas, embora eu vivesse com esses pensamentos em mente, foi só aos 30 anos que finalmente consegui me mudar de um apartamento alugado de cerca de 10m². Eu só tinha um espaço muito reduzido para armazenar os livros que comprava, e minha verba para adquirir livros também era restrita. Com essas limitações, eu precisava ler todos os livros que comprava para não se tornarem um desperdício.

A situação pode ser diferente para quem é abastado desde o início e tem dinheiro para comprar o que quiser. Por exemplo, se uma pessoa recebeu uma herança com a morte de seus pais e ganhou milhões de dólares, poderia adquirir um apartamento espaçoso e livros à vontade. A pessoa pode se considerar um intelectual ou mesmo fingir que é intelectual só por ter muitos livros organizados na estante.

Com certeza, algumas pessoas conquistaram rapidamente *status* acadêmico graças à riqueza. Existem casos em que o pai e o avô eram acadêmicos e o filho segue a carreira; muitas vezes o "estoque intelectual" na família pode ajudá-lo a obter *status* acadêmico num tempo menor.

Às vezes, a riqueza gera resultados práticos como esse, mas também pode acontecer de a pessoa se tornar uma simples amadora, uma exibicionista que expõe seus conhecimentos, mas não é capaz de usá-los para cultivar um caráter virtuoso, prestar um serviço à comunidade ou trazer melhorias para a sociedade. Isso também é delicado. Devemos ter muito cuidado, pois as coisas têm lados positivos e negativos.

Algumas pessoas que lutam financeiramente todos os dias podem suportar a pobreza e continuar trabalhando duro para seguir em frente, pouco a pouco, dispostas a mostrar seus esforços a Deus. Se fizerem esforços convincentes que até os outros aprovariam, dificilmente se tornarão agentes do mal.

No entanto, se desenvolverem ressentimentos, inveja, raiva ou tendências criminosas enquanto lutam, podem recorrer ao crime ou à delinquência ainda jovens ou no final da adolescência. Há casos em que esses delinquentes juvenis se unem para cometer crimes em grupo. Levando-se em conta essas possibilidades, vivenciar a miséria por um período de tempo prolongado, capaz de provocar distorções na natureza humana, não é uma condição apropriada para se tornar um verdadeiro exorcista.

O demônio ataca suas feridas do passado ou seus problemas com o sexo oposto

Historicamente, muitos líderes religiosos despertaram para sua vocação depois de terem passado por uma situação de miséria, doença grave ou morte de um dos pais, que muitas vezes funcionaram como catalisadores, para que eles entrassem no caminho da religião ou da iluminação. Portanto, não podemos saber o resultado final a menos que vejamos as coisas de uma perspectiva de longo prazo. Mas, falando de forma objetiva, as pessoas enfrentam grandes dificuldades quando se corrompem e caem num ambiente dominado pelo crime, e é preciso muita determinação e competência para avançar de forma positiva sob tais circunstâncias.

• As Leis do Segredo •

Enfrentar dificuldades financeiras ou econômicas, problemas de saúde devido a doenças ou deficiências ou então a doença ou a morte de entes queridos pode distorcer o nosso coração, nos deixar abatidos e nos tornar incapazes de nos recuperarmos e reconstruirmos nossa vida. Na realidade, muitos passam pela perda de um ou de ambos os pais na infância, mas nem todos se tornam marginais por causa disso. Alguns conseguem superar o infortúnio, construir um lar feliz e ter um emprego decente, enquanto outros usam esses eventos como desculpa e não se importam em se tornar perversos. Devemos ter muito cuidado com relação a esse ponto.

Ao entrar em uma batalha com o diabo, às vezes você pode descobrir "espinhos" ou "agulhas" que ficaram encravados na raiz da sua alma ou em algum ponto da sua história de vida, e esses espinhos estão sendo os ganchos por meio dos quais os demônios se agarram em você. Talvez você ache que certas experiências já são coisas do passado, mas, se há espinhos presos em você, os demônios podem se enganchar neles.

Por essa razão, você deve praticar uma reflexão suficientemente profunda. Precisa polir sua mente e deixá-la toda pura revendo o passado, verificando como lidou com os problemas e examinando quais pensamentos teve naquele momento. Caso contrário, mesmo que no início pense que está se saindo bem ao enfrentar os demônios, à medida que continuar lutando surgirão oponentes mais fortes, e você começará a receber facadas justamente em suas feridas do passado.

O mesmo pode ser dito sobre questões que envolvem relacionamentos românticos. É muito raro encontrar alguém que nunca foi ferido em questões amorosas. Um indivíduo sempre tem alguma mágoa por ter sido rejeitado, por romper um relacionamento ou ter o relacionamento rompido, e isso pode ocorrer devido a problemas de família, financeiros ou questões acadêmicas. Muitos adquirem novos carmas devido a questões amorosas.

Em certo sentido, a maioria das pessoas se envolve com essas questões de uma forma ou de outra. Num tanque de pesca, é improvável haver um peixe que nunca tenha sido fisgado uma ou duas vezes pelo anzol. Ao abocanhar a isca para matar a fome, o peixe sente algo fisgar sua boca, e descobre que é o anzol. Acho que todo mundo já passou pelo menos um pouco por essa dor. Embora algumas pessoas possam ter se esquecido de tudo, elas continuam com a tendência da alma que pode levá-las a essa dor novamente.

De fato, as questões amorosas podem se transformar num grande problema no mundo da paranormalidade, sobretudo quando estão envolvidos exorcismos, pois, para os demônios, são os principais alvos de ataque. Não é muito fácil se desvencilhar dessas questões; você pode ser capaz de resolver o problema quando ele apenas diz respeito a você, mas quando outra pessoa está envolvida na questão, as coisas ficam muito difíceis.

• As Leis do Segredo •

Aqueles que estão no caminho da Iluminação devem temer os tropeços causados pelos relacionamentos

Deixe-me explicar isso de uma forma simples. Quando você está trabalhando num objetivo específico – nos estudos acadêmicos, no estudo da Verdade Búdica ou no aprimoramento ascético –, pode ter alguém ao seu lado que o ama incondicionalmente e o incentiva; isso vai funcionar como uma força ascensional para ajudá-lo a se empenhar mais. Em muitos casos, a companhia da pessoa funciona de maneira positiva e, juntos, vocês são mais fortes do que quando você está lutando sozinho.

Porém, às vezes o relacionamento entra em crise, e justamente a pessoa que tem lhe dado apoio ou força ascensional pode se tornar uma pedra no caminho. Isso é particularmente verdadeiro quando você está passando por um aprimoramento religioso.

Afinal de contas, todas as pessoas têm no coração seus próprios interesses. Se os seus interesses – praticar a disciplina espiritual, estudar a Verdade Búdica, se dedicar aos estudos e à Verdade – correspondem aos interesses da outra pessoa, o relacionamento pode dar certo. Mas pode haver momentos em que essa afinidade desaparece, e nesse caso o relacionamento desmorona.

Por exemplo, uma jovem se apaixona por um rapaz que se dedica ao estudo da Verdade e eles começam bem o relacionamento. A família dela aprova o namoro e apoia o casal, uma vez que ele parece ser uma pessoa excepcional. No entanto, talvez o pai dela tenha seus próprios interesses como médico e espere que o rapaz siga carreira na medicina e se torne um médico. Assim, o casal seria perfeito e o genro poderia assumir o controle de sua clínica. Se o pai da moça tem esse desejo pessoal, mas o rapaz não pretende fazer medicina, surge uma crise na família e o namoro pode ser arruinado.

O mesmo pode ocorrer com a pessoa cujo pai é advogado, juiz ou magistrado. Os pais ficariam satisfeitos se o parceiro de seu filho ou filha estudasse Direito, mas, se esse jovem de repente escolhesse um curso diferente, os fatores que antes eram positivos passam a ter uma influência negativa no relacionamento.

Também pode ser que o rapaz não tenha pensado muito sobre sua carreira futura, mas depois decidiu se tornar um líder religioso. E se o pai da moça for da imprensa? Claro, não podemos generalizar, pois existem diversos tipos de pessoas na indústria da mídia, inclusive profissionais de coração puro e que têm espírito religioso. Mas, e se o pai da jovem trabalhar em um jornal sensacionalista, que até produz reportagens falsas forjando os fatos? Então, com certeza o relacionamento do casal enfrentará dificuldades.

Situações desse tipo podem ocorrer, e é muito difícil escapar de questões que envolvem relacionamentos interpessoais. Desse modo, aqueles que ingressam no caminho da Iluminação devem temer os tropeços causados por esses relacionamentos. É por isso que às vezes você deve limitar suas interações sociais por determinado período de tempo para realizar seu treinamento espiritual, mesmo que seja um indivíduo normalmente extrovertido, alegre, positivo e capaz de se relacionar com diferentes tipos de pessoas. Se você se relacionar abertamente com várias pessoas, terá de se moldar a elas, o que pode atrapalhar seu treinamento espiritual. Quando se trata de relações amorosas, a situação pode ficar ainda mais complicada.

3
Os alvos que os demônios atacam até o fim: o desejo de fama e a inveja

O exemplo de uma colaboradora da fase inicial da Happy Science

É realmente triste quando alguém que o apoiava de repente vira as costas para você. Mas, mesmo aqueles que acreditam ser pessoas fiéis e de coração puro possuem desejos. E dentre todos os desejos, qual persistiria até o final? Alguns podem abandonar os interesses mundanos e se dedicar às atividades religiosas, dizendo que não se importam com dinheiro ou em permanecer solteiros. No entanto, mesmo essas pessoas acham difícil se livrar do desejo de fama até o final.

Por exemplo, há pessoas até mesmo em organizações religiosas que de repente se tornam agressivas ou se revoltam contra o líder quando deixam de ocupar uma posição de destaque. Já passei por isso muitas e muitas vezes ao longo de mais trinta anos em nossa instituição. É inacreditável a quantidade de pessoas enganadas tão facilmente por uma "fórmula simplória" como essa.

Embora essa história possa parecer engraçada para os nossos atuais adeptos e até impossível pela perspectiva do grupo atual da Happy Science, que desenvolve atividades em mais de 142 países ao redor do mundo[20], tive a seguinte experiência no passado. No início, quando larguei meu emprego para fundar a instituição, planejei começar com o menor capital possível. Então, aluguei um espaço de 10m² da casa de um dos nossos primeiros seguidores fiéis para usar como escritório. Mas essa pessoa tinha suas próprias ideias sobre o tamanho que a instituição alcançaria, e acreditava que aquela sala desocupada de 10m² de sua casa, acessada por uma escada externa, serviria para sempre como escritório da instituição. A pessoa com certeza teve boas intenções ao me ceder o espaço gratuitamente. Mas uma instituição religiosa cujo escritório principal não passa de 10m² seria muito pequena, não é verdade?

Na época, eu havia acabado de deixar o emprego e fui bastante prudente. Queria ter certeza de que nossa organização não iria falir. Um ano antes, meu pai e meu irmão abriram uma escola particular com cursos preparatórios para o vestibular, mas a escola estava completamente no vermelho e com os dias contados; os cálculos apontavam nessa direção. Nessas circunstâncias, achei que eu deveria gastar o mínimo de dinheiro e construir uma base sólida.

Então, cerca de seis meses depois encontramos ali perto um espaço de 55m² no subsolo para servir de escritório, cujo aluguel era cerca de mil dólares (com base na taxa de câmbio da época), na mesma cidade. Quando decidimos

---

20 Até dezembro de 2020.

nos mudar, a prestativa e assídua seguidora, que no início nos deixou usar sua sala por gentileza, começou a se sentir ofendida. Enquanto estávamos ocupando o espaço em sua casa, ela tinha um certo domínio, podia opinar. Porém, quando mudamos para um escritório maior e contratamos um gerente administrativo, de repente ela se rebelou e começou a gerar conflitos.

Além disso, meio ano depois, quando alugamos um outro escritório, de 80m^2, próximo à estação de trem, a situação piorou ainda mais. Apesar disso, enquanto estávamos no mesmo bairro, nosso relacionamento ainda se manteve. Mas, assim que nos mudamos para outro bairro, ele desmoronou por completo. A pessoa não só se recusou a falar conosco como chegou ao ponto de devolver todas as correspondências que lhe enviamos.

Fiquei impressionado pela falta de compreensão de algo tão elementar, pois era óbvio que a Happy Science iria crescer naturalmente com o passar do tempo. Eu já havia me envolvido em negócios de grande porte quando trabalhava numa empresa maior, mas, embora tenha começado pequeno por prudência, desde o início eu pretendia expandir a Happy Science de forma gradual. Portanto, era natural para mim contratar novos funcionários e mudar para um espaço mais amplo. Mas para ela essas mudanças provavelmente pareceram um ato de traição. Ela esperava se manter como líder e gerente permanente em nossa organização, então se sentiu traída.

Mas ninguém a seguiria. Alguns de seus amigos de longa data, que a ajudaram quando a Happy Science estava apenas começando, ficaram do lado dela, mas, além deles, esse problema não tinha nada a ver com os seguidores que se juntaram a nós mais tarde. Uma organização em crescimento requer naturalmente um ambiente adequado para seu desenvolvimento.

Em momentos como esse surgem conflitos internos que permitem que o mal invada o coração das pessoas. Mesmo que você esteja realizando um aprimoramento espiritual suficiente para se proteger do diabo em sua vida normal, quando as condições mudam, se o diabo atacar o seu último ponto fraco, que é o desejo de fama, as consequências serão como as desse episódio.

A dificuldade que envolve os relacionamentos próximos

Eu passei por problemas semelhantes com minha própria família. Tenho muitos filhos, todos criados no mesmo ambiente e cuidados por muitos membros da equipe desde pequenos. No início, eles só recebiam favores. Mas, à medida que a instituição se expandia e eles cresciam, aos poucos passaram a enfrentar uma situação difícil. Por terem muitos funcionários ajudando-os, eles podem ter presumido que era função dos funcionários servi-los. Mas, quando atingiram a idade adulta, foram orientados a sair e trabalhar como novos membros da equipe, então alguns deles começaram a se sentir ofendidos com a mudança repentina de tratamento. Não foi fácil para alguns deles recomeçar.

Nesse caso, a pessoa precisa ser capaz de entender o funcionamento da sociedade como um todo e como as outras pessoas pensam e percebem as coisas. No entanto, esse tipo de conhecimento não consta nos livros didáticos. Se você pode perceber isso e entende a necessidade de mudar, sua atitude vai depender do quão sensato você é.

Os problemas de relacionamento que envolvem pessoas próximas – como familiares, parentes e amigos – são bastante difíceis de lidar. Isso é particularmente verdadeiro para os relacionamentos românticos.

O exemplo que citei anteriormente foi minha experiência quando fundei uma religião, mas, mesmo que eu estivesse trabalhando apenas como médium espiritual independente, teria enfrentado problemas semelhantes.

Cada um tem livre-arbítrio. Mas, apesar disso, o que ocorre com os mais próximos? Mesmo que um indivíduo se orgulhe de trabalhar perto de mim, sendo meu braço direito, gerenciando a Happy Science, apoiando-a financeiramente com grandes doações como um *Daikokuten* (anjo da riqueza) ou instruindo outros seguidores por ser mais antigo, à medida que a organização cresce ele pode posteriormente se tornar inadequado para cumprir suas funções atuais e começar a se afastar de mim. Nessas horas, essas pessoas começam a se rebelar.

Imagino que os donos de empresas que tiveram um crescimento rápido provavelmente passaram pela mesma experiência. Eles podem não ser capazes de enxergar a parte espiritual, mas é provável que o mesmo esteja ocorrendo de um ponto de vista objetivo. Assim, nessas horas, surgirão problemas relacionados ao desejo de fama e à inveja.

O relacionamento entre duas pessoas continua sendo um desafio eterno

No final, os desejos sempre surgirão num relacionamento entre um homem e uma mulher. No início da Happy Science eu ainda era solteiro. Por causa disso, minha mãe, que ainda morava em minha terra natal, me dizia para ter cuidado. Ela me avisou que muitas pessoas que trabalharam duro para me apoiar enquanto eu era solteiro mudariam de atitude de repente, falariam mal pelas minhas costas ou me acusariam assim que eu me cassasse. Ela também me aconselhou a não revelar jamais a quantidade de dinheiro que eu possuía em minhas economias. Com certeza, se alguém sabe o quanto você tem de reserva, fica mais fácil chantageá-lo. Por isso, não se deve dizer. Essas questões têm a ver com o quanto você conhece o mundo.

De fato, assim como minha mãe havia previsto, depois que me casei algumas pessoas que me apoiavam passaram a me criticar e se tornaram agressivas. Este é realmente um assunto difícil. Não é fácil assumir uma postura objetiva e aceitar de coração aberto o casamento da pessoa pela qual você está interessado.

Esses problemas surgem em relacionamentos com o sexo oposto, mas também ocorrem nos relacionamentos com pessoas do mesmo sexo. Por exemplo, muitos homens, sobretudo entre os mais velhos, expressaram sua insatisfação por eu ter me casado e constituído uma família dizendo: "Você falou em difundir a Verdade e vim ajudá-lo, mas que negócio é esse de constituir família? Isso está errado!".

Problemas de relacionamentos são realmente difíceis. Os relacionamentos com o sexo oposto provavelmente permanecerão um eterno desafio.

4
A relação entre o exorcismo e problemas com o sexo oposto

Os alimentos que fortalecem o "poder de exorcismo" e seus pontos problemáticos

Existe um outro grande problema quando tentamos realizar um exorcismo. Para exorcizar um demônio na vida real precisamos ter uma certa vitalidade ou, mais especificamente, poder espiritual. Por exemplo, durante a recuperação de uma doença, recomenda-se que a pessoa coma alimentos que aumentem sua energia, e ela passa a consumir coisas nutritivas como um bife ou uma banana para recuperar o ânimo.

O poder físico necessário para exorcizar demônios é parecido com essa energia. Quando se faz o exorcismo de um demônio ou espírito maligno, o corpo precisa estar repleto de energia, caso contrário você não terá força suficiente para expulsá-lo. Então, esses mesmos alimentos que aumentam a energia podem ser eficazes.

Os filmes de vampiros com frequência mostram que eles têm aversão ao alho. Quando ingressei no caminho religioso, passei a compreender isso muito bem. Uma vez que comer alho deixa um cheiro ruim, eu costumava pen-

• Os Pré-Requisitos para o Verdadeiro Exorcista •

sar que os vampiros estavam fugindo do cheiro insuportável de alho que sentiam ao sugar o sangue do pescoço da vítima. Talvez esse seja um dos motivos, mas o alho geralmente fornece energia, ajuda a combater vírus e curar resfriados. Ou seja, o alho gera força. Existem outros alimentos que têm efeito semelhante, como o alho japonês, fígado, cebola, cebolinha. Há também ingredientes utilizados por *sennins* (magos) que dão vigor.

Podemos encontrar também alimentos do cotidiano que são energizantes, como enguia, bife, carne suína empanada, entre outros. Esses alimentos preenchem o corpo de energia – do tipo que aquece seu corpo – e geram a força que será necessária para a prática do exorcismo. Quando você está abastecido da energia desses alimentos, pode expulsar os espíritos malignos, mas sem ela você fica esgotado e não consegue. Portanto, os exorcismos usam de fato a mesma energia.

Em termos de condições físicas, ter o poder de expulsar os espíritos malignos também significa que você está cheio de vitalidade. Esse vigor é semelhante ao exercido por um atleta, um vendedor entusiasmado ou um empresário de sucesso.

Por outro lado, ao adotar esse estilo de nutrição e de vida, seu desejo sexual também será potencializado, o que por sua vez aumentará o risco de ser tentado pelo sexo oposto.

• As Leis do Segredo •

Controle seus desejos sexuais e se esforce para ter bons propósitos

As tentações pelo sexo oposto, que eu mesmo temia muito quando jovem, não são o tipo de perigo que imediatamente o levam para o Inferno, como se você estivesse caindo em um bueiro. Na verdade, é como se enredar aos poucos em uma teia de aranha, ou jogar tinta em um balde d'água, uma gota por vez, até que a água deixe de ser potável e nem sirva mais para lavar a roupa. Portanto, uma única experiência de estar enredado não faz com que tudo imediatamente desmorone de uma vez.

Claro, há pessoas que arruínam por completo a própria vida por causa de um único encontro amoroso. Mas isso é semelhante a dirigir um carro e sofrer um acidente logo em seguida; a falta de prudência pode levar a tais resultados. Em geral, porém, leva tempo para se enrolar aos poucos em uma teia de aranha ou tingir a água com uma gota de tinta por vez. Uma pessoa não se arruína totalmente de imediato.

Quando as pessoas têm uma boa saúde e grande vitalidade, elas desenvolvem fortes desejos e fantasias sexuais com o sexo oposto. Esse é um ponto difícil. Particularmente na juventude, isso não pode ser evitado. O desejo sexual pode se tornar muito forte quando a pessoa ainda não tem idade suficiente para se casar, por isso os jovens às vezes passam por dificuldades para se controlar. Mas esse desejo diminui gradualmente com a idade. Por outro lado, quando as pessoas chegam à velhice, sua capacidade de trabalho se reduz.

Sem dúvida, a capacidade profissional é maior quando se é jovem e cheio de energia. Os anos produtivos no trabalho coincidem com o período em que a pessoa é popular com o sexo oposto e também com a época em que ela vai a bares noturnos para beber e se divertir. Desse modo, é muito importante se esforçar para controlar tais desejos; na medida do possível, aplique essa energia em uma boa causa, mas vá mais além: transforme a própria energia em uma energia positiva.

O álcool impede a pessoa de exorcizar os maus espíritos e evocar os espíritos superiores

Já toquei no assunto do álcool diversas vezes no passado. Eu não posso beber muito, mas há pessoas com alta tolerância ao álcool geneticamente, então, cada um sente seus efeitos de forma diferente. Com a abertura do canal espiritual, passei a evocar os espíritos elevados a qualquer hora com facilidade, mas às vezes precisava sair à noite para cumprir minhas obrigações sociais e acompanhar os colegas de trabalho em jantares ou em uma *happy hour*. Nos dias em que eu ingeria álcool, mesmo que só um pouco, quando chegava em casa e tentava evocar os espíritos superiores, não conseguia. Não era possível nem mesmo me conectar com o meu espírito guardião e com os seres com quem eu costumava conversar. Era exatamente como uma ligação telefônica que não dá linha, não adianta. Enquanto estava alcoolizado, não conseguia me conectar com eles.

Por outro lado, os espíritos malignos e de baixo nível vinham imediatamente, então fiquei mais vulnerável a ser possuído por esses espíritos. Se por acaso eu visitasse um local ruim, voltava obsediado e não conseguia exorcizá-lo se eu estivesse alcoolizado. Quando eu consumia álcool e ficava bêbado, não podia expulsar o espírito obsessor nem chamar os espíritos superiores para me ajudarem a afastá-lo. Isso estava muito claro. A única coisa que eu podia fazer era descansar até ficar sóbrio e esperar o álcool sair por completo do meu corpo.

No trabalho, as obrigações sociais eram inevitáveis, e tive de me encontrar com pessoas que estavam possuídas por maus espíritos; não havia escolha na hora. Eu queria evitá-las, mas não podia, pois seria mal-educado e o trabalho exigia que me relacionasse com elas.

Em particular depois de ganhar poderes espirituais, eu podia dizer de imediato se a pessoa estava possuída e até mesmo o número de espíritos que a possuíam, então minha fisionomia se transformava e meu rosto ficava naturalmente pálido sempre que encontrava alguém que estava possuído. Era uma tortura ficar ao lado da pessoa nessas condições por uma ou duas horas. Era difícil sobretudo no escritório, onde os funcionários se sentavam próximos uns dos outros e os lugares eram determinados;

• Os Pré-Requisitos para o Verdadeiro Exorcista •

e se a pessoa fosse um executivo sênior ou um gerente, eu definitivamente não poderia pedir para trocar de lugar, pois seria falta de educação e iria parecer que eu não gostava daquela pessoa.

Infelizmente, eu não conseguia impedir a interferência daqueles seres. No trabalho, eu via pessoas obsediadas à minha frente, sentadas ao meu lado ou na diagonal, e os espíritos malignos ficavam conversando comigo durante o trabalho, então era insuportável. Eu tinha até vontade de desafiá-los: "Tentem, se puderem". Os colegas me faziam tomar alguns drinques na noite anterior e, de manhã, eu estava cansado por não ter dormido o suficiente e, enquanto trabalhava com documentos em inglês, que por si só já é algo extenuante, o ser que estava grudado no colega da frente vinha me abordar. Às vezes, eu queria dizer às pessoas possuídas para lidarem com seus próprios problemas. E como os espíritos continuavam me importunando, não havia como eu me concentrar no trabalho. Então, lutava para expulsar esses espíritos da minha mente enquanto trabalhava.

Provavelmente, a expressão em meu rosto deveria ser horrível quando eu olhava para essas pessoas possuídas ou nossos olhares se cruzavam, porque eu podia ver os pensamentos terríveis que elas tinham na mente. Posso ter dado a impressão de que não me dava bem com certos colegas e que era um tanto exigente. Esse tipo de dificuldade era inevitável.

• As Leis do Segredo •

A sexualidade no cristianismo, no islamismo e no budismo

Desde a Antiguidade, diversas religiões tradicionais apresentam muitos ensinamentos sobre autocontrole e disciplina. Esses ensinamentos tiveram origem em experiências práticas e, portanto, não se aplicam necessariamente a todas as pessoas. É provável que tenham sido criados para servir como um aviso geral sobre as causas mais comuns de tropeços e fracassos, e nem todo mundo se encaixa nesses casos. Isso não significa que você será imediatamente condenado por desafiar apenas um deles; eles indicam onde as pessoas costumam tropeçar.

Os assuntos relacionados à sexualidade se tornarão questões importantes também nas religiões. É provável que haja um violento choque de valores, sobretudo a partir de 2020. Por exemplo, vi algumas notícias sobre as primárias presidenciais do Partido Democrata dos EUA em 2020, nas quais um homem que tem um "marido" se tornou o principal candidato na primeira zona eleitoral. Ele e seu marido estavam fazendo campanha juntos, mas será que é apropriado?

Por mais que seja compreensível, fico com essa dúvida. Com certeza eu admito que as pessoas tenham diferentes preferências sexuais, mas, falando francamente, é questionável se essa tendência deva ser aceita abertamente para um candidato à presidência.

• Os Pré-Requisitos para o Verdadeiro Exorcista •

O Irã, que considera os EUA como seus inimigos, condena essa tendência e deve estar vendo tudo isso como o último estado de corrupção. Para evitar que isso ocorra em seu país, eles separam homens e mulheres e proíbem as mulheres de mostrar o rosto em público. Por exemplo, quando uma mulher canta para um público feminino, não há problema. Mas, diante da presença masculina, ela deve ocultar o rosto porque isso pode despertar o desejo nos homens. Esse costume é ensinado tradicionalmente e as pessoas acreditam que é o certo. Elas creem que homens e mulheres podem se sentir atraídos um pelo outro e se casar apenas quando houver uma distância adequada entre eles. Se tudo for permitido, muitas pessoas vão se desvirtuar do caminho e se corromper. Haverá muitas opiniões e contestações dessa natureza.

Mas o islamismo também tem problemas. Em uma notícia diferente no mesmo dia, li um artigo relacionado ao islamismo. Ele falava sobre uma prática de circuncisão (mutilação genital feminina) que acontecia no Egito. Aparentemente, existem práticas de circuncisão feminina na cultura islâmica, e uma menina de 12 anos foi levada a um hospital pelos pais para ser circuncidada, mas faleceu devido a uma hemorragia. Os pais que a levaram ao hospital foram presos por homicídio.

Bem, o islamismo é baseado no Alcorão, que é uma compilação das palavras de Deus, e na Hádice, uma coleção de ditos e atos de Maomé. A Hádice menciona não só a circuncisão masculina, como também a feminina. Na verdade, essa prática não começou com o islamismo, mas remonta há milhares de anos, ao que parece na África. Tudo começou ali como uma cerimônia para tornar a castidade obrigatória, e mais tarde se espalhou para as regiões desérticas. Provavelmente era praticada também no judaísmo, mesmo antes de ser incorporada à cultura islâmica. Muitas organizações que defendem os direitos das mulheres são contra essa prática, por considerá-las contrárias aos direitos humanos. Desde que houve um caso de morte por causa dessa prática, o assunto virou notícia.

Enfim, há problemas não só no islamismo, mas também no cristianismo, que está ficando cada vez mais permissivo. Claro, isso gera conflitos de valores e é preciso encontrar alguma solução. Podemos ver que existem problemas tanto nas relações heterossexuais como nas homossexuais.

De acordo com as disciplinas estabelecidas pelo Buda Shakyamuni, o budismo proibia o homossexualismo entre os monges ordenados. Do mesmo modo, a relação que hoje é chamada de bissexualidade também era proibida. Além disso, o budismo descreve um gênero neutro chamado de "andrógino", embora eu não tenha certeza se esse tipo de pessoa realmente existe. Indivíduos desse gênero também eram proibidos de ingressar na ordem. Não sei se isso se aplicava também aos leigos, mas, como havia uma separação entre o grupo de monjas e de monges para passar pelo treinamento espiritual, creio que o budismo tinha o intuito de evitar certas confusões.

Aliás, um homem que se ordenava não tinha mais permissão para ter uma vida conjugal, pois não podia se aproximar das monjas, e vice-versa. Mesmo aqueles que já foram marido e mulher não podiam se encontrar livremente. Não sei se isso pode ser alvo de críticas ou não, pois é uma questão delicada. Mas na questão do convívio coletivo, dificilmente seria permitido um casal ficar junto porque, num internato misto, os alojamentos masculino e feminino ficam separados para evitar contratempos. Porém, creio que o grau de rigidez quanto ao cumprimento dessa regra seja discutível.

O budismo é considerado uma religião bastante conservadora, mas como havia um excesso de proibições quanto aos desejos pelo sexo oposto, começaram a aumentar as tendências ao homossexualismo. O mesmo pode ser dito do cristianismo, como pode ser visto nos diversos escândalos que estão eclodindo hoje no Vaticano.

Não podemos estar completamente isentos das questões sexuais; uma vez que homens e mulheres foram criados de maneira diferente, talvez tenha sido antecipado desde o início que tais questões iriam surgir até certo ponto.

Esforce-se para fechar as brechas que os demônios podem atacar

Como mencionei antes, um homem passa por um treinamento espiritual, alcança a iluminação e se ocupa com atividades; quando ele recebe pensamentos puros e de apoio de uma mulher enquanto realiza suas atividades, está protegido e pode se posicionar firmemente contra os demônios e maus espíritos. Esta é a razão pela qual existem tantas sacerdotisas auxiliares.

Quando um homem luta contra os demônios, ao receber o apoio de jovens de coração puro ele estará obtendo apoio de uma forma de amor puro e fé em Deus que elas emanam. Assim, esse apoio funciona como certa proteção.

Mas, se o relacionamento com elas se torna calculista e repleto de sentimentos desenfreados, em vez de funcionar como proteção, isso puxará a pessoa para baixo e a destruirá.

No budismo original, os discípulos ordenados não tinham permissão para se casar nem ter filhos. Porém, no Japão, a partir da Idade Média, tornou-se mais comum eles se casarem e terem filhos. Mas o fato é que ter uma família constitui um fardo. Para aqueles que estavam se dedicando ao aprimoramento espiritual, a carga financeira era a maior.

Além disso, no início da ordem budista os ascetas não tinham condições de ter folgas e viver como trabalhadores assalariados normais, que trabalhavam apenas durante o horário comercial e usavam o tempo restante para ficar com a família. E, se isso fosse permitido, o estilo de vida deles não seria diferente daquele dos leigos. Vivendo sob essas condições, os discípulos ordenados apenas consumiriam as doações feitas pelas pessoas comuns. Desse modo, mesmo que fazer oferendas fosse uma prática tradicional,

• Os Pré-Requisitos para o Verdadeiro Exorcista •

as pessoas provavelmente não aceitariam fazer oferendas num sistema como esse.

Tradicionalmente, os ascetas solteiros passavam por treinamento espiritual e viviam de esmolas, mas também havia competição com outros grupos religiosos. Então, a religião, os fiéis ou os ascetas que tivessem mais virtude eram os que conseguiam arrecadar mais oferendas. Desse modo, conseguiam arrecadar as oferendas tendo a fama de praticarem um aprimoramento árduo e de possuírem virtudes mais elevadas. Assim, embora na época não existissem tabloides, os rumores e a avaliação das pessoas afetavam a quantidade de oferendas recebidas.

Mesmo hoje, na hora de realizar um exorcismo, os demônios sempre atacam quaisquer pontos fracos que o exorcista possa ter, seja ele solteiro ou casado. Então, a única coisa que você pode fazer é defender esses pontos fracos o máximo possível. Entre a lança, que é usada para atacar, e o escudo, que é usado para se defender, você deve optar pelo segundo e se proteger. Como eu sempre ensino, as fraquezas comuns que os demônios procuram atacar são: a ganância, a ira, a ignorância, o orgulho, a dúvida e a visão errônea. Por isso, é importante bloquear essas fraquezas e se esforçar para preencher quaisquer lacunas desprotegidas que você possa ter.

5
O poder espiritual do verdadeiro exorcista

Controle sua mente e seu corpo para manter e fortalecer seu poder espiritual

Antes de dar a palestra que originou este capítulo, recebi uma pergunta sobre a maneira de avaliar o progresso de alguém no aprimoramento espiritual. Na verdade, fazer uma avaliação objetiva desse aspecto é muito difícil. Em nossa organização, costumamos realizar um exame de qualificação, mas a pontuação não reflete necessariamente o nível de iluminação da pessoa. Os membros da equipe recebem cargos com base na idade, experiência e competência, mas seu nível de iluminação não está diretamente correlacionado com o cargo. Além disso, pode haver pessoas que costumavam ter um coração puro quando eram jovens e solteiras, mas que perderam essa qualidade quando chegaram à meia-idade. Existem inúmeras causas de queda, semelhantes às que ocorrem na sociedade em geral.

A maneira mais simples de ver o progresso espiritual de alguém é esta: "Somos pré-condicionados a viver neste mundo como humanos e naturalmente temos desejos mundanos, então a questão é o quanto somos capazes de controlar bem e reprimir esses desejos terrenos". Esse é um conceito que aparece com frequência nas escrituras budistas. Em geral, considera-se nobre quem realizou alguma obra, mas as escrituras costumam valorizar mais o fato de o corpo e a alma de uma pessoa estarem bem harmonizados e bem controlados em sua vida diária, e não o que realizaram neste mundo. O que importa são os esforços diários.

À medida que continua a acumular esses esforços, você pode gradualmente obter o reconhecimento das pessoas ao seu redor. Os leigos podem de alguma forma perceber se os *Kigans* (preces rituais) e os exorcismos conduzidos por determinado sacerdote são eficazes ou não. Desse modo, é importante notar que o progresso espiritual de uma pessoa não é determinado por seu cargo, idade ou renda, como ocorre em organizações regulares compostas por leigos. Em outras palavras, aqueles que se esforçam para se controlar e se dominar bem serão capazes de manter e fortalecer seu poder espiritual.

Mesmo uma pessoa geralmente calma pode manifestar uma grande "Força"[21]

Enquanto vivemos na Terra, precisamos de alguns desejos para sobreviver. Mas aqueles que conseguiram controlar

---

21 Nesse contexto, a "Força" é a energia onipresente que faz parte do universo ficcional de *Star Wars* ("Guerra nas Estrelas", uma franquia do cineasta George Lucas) e dá poder aos cavalheiros Jedi, os heróis da saga. (N. do T.)

bem seus desejos e acumular essa energia como uma espécie de "poupança" podem mais facilmente manifestar poderes espirituais.

Existem vários tipos de força, como pode ser visto nos socos do boxe, nos chutes do *kick-boxing* e nos arremessos (técnica *waza*) do judô, mas, além dessas forças físicas, existe uma força espiritual. Há situações em que uma pessoa que costuma ter uma mente flexível, tolerante e pacífica pode exercer uma poderosa "Força", que é um tipo de poder mental. Essas pessoas costumam ser muito generosas e tratar os outros com compaixão, mas em momentos críticos, quando precisam lutar e derrotar espíritos malignos, podem concentrar toda a sua energia espiritual e afastá-los. Eu ensino várias técnicas de exorcismo em diversas práticas ascéticas da nossa instituição. Então, é melhor dominá-las, se puder.

Partes do corpo que emitem poder espiritual

Então, de qual parte do corpo é emanado o poder espiritual? Um dos pontos que emana poder são as mãos. O centro da palma da mão emite luz e poder espiritual, por isso com frequência as mãos são usadas nos exorcismos. Dizem que há um chacra na testa, entre as sobrancelhas e, de fato, esse ponto também libera um grande poder. Os olhos também têm poder por si próprios.

• Os Pré-Requisitos para o Verdadeiro Exorcista •

A boca é outra fonte. Como as palavras são produzidas pela boca, você pode proferir palavras para lutar contra maus espíritos e demônios. Aqueles que têm visão espiritual podem ver bolas de luz que se assemelham a bolhas de sabão saindo da boca ao recitar "As Palavras da Verdade Proferidas por Buda" (sutra fundamental) ou outros sutras e *Kigans* da Happy Science. Como essas palavras da alma contêm energia, elas carregam poder. Esse poder reflete a habilidade geral de cada um.

A habilidade geral que você adquiriu com os estudos e esforços será exercida, e com isso você será capaz de convencer ou repreender os outros por meio de suas palavras.

Claro, o coração espiritual também emite força. Ele fica próximo do coração físico e emite certa quantidade de poder do amor. Com ele você pode às vezes dissipar o mal, perdoar o mal outras vezes e dissolver o mal em outras ocasiões. Esse tipo de coração amoroso existe. Por exemplo, algumas pessoas emitem um ar que faz os outros perderem a vontade de lutar. Mesmo aquelas que normalmente cometem más ações não serão capazes de fazer nada de ruim contra os que possuem esmagadores pensamentos virtuosos.

Indivíduos perversos como os mafiosos costumam atacar aqueles que estão desprevenidos, mas parece que ficam intimidados diante de certas pessoas. Por isso, emanar pensamentos virtuosos também é importante.

Outro ponto é a parte de baixo do abdome. Ali há um campo espiritual de enorme poder. Sem a disposição de "ter peito para encarar" nessa área fica difícil ter vitória definitiva sobre os demônios.

Ter peito para encarar é ter uma força que vai além da vitória e da derrota medidas pela lógica deste mundo; é muito mais forte do que isso. Para exercer tal poder você precisa ter uma vontade forte que brota do fundo da sua alma; você deve ter vontade de salvar toda a humanidade, de fazer deste mundo um lugar melhor e de impedir que o mal prevaleça na Terra. É ter uma disposição irreversível e fortíssima. Se você tem esse sentimento assentado dentro de si, isso faz uma grande diferença.

Movimentos corporais ou posturas para exorcizar os maus espíritos

Vários movimentos corporais estão envolvidos em exorcismos. Não há sinais de mão fixos, como fazem os guerreiros ninja, mas os espíritos que vêm para fornecer orientação espiritual irão ajudá-lo a fazer os gestos e movimentos corporais apropriados para o momento do exorcismo. Portanto, tudo o que você precisa fazer é seguir suas instruções. Isso também é verdade para mim. Há alguns rituais com uma sequência fixa de movimentos para realizar, como no "El Cantare Fight". Em outros casos, quando preciso manifestar ou transmitir força espiritual, com frequência é o espírito guia que está presente no momento que conduz os gestos de sua preferência.

• Os Pré-Requisitos para o Verdadeiro Exorcista •

Se você puder concentrar sua mente para criar "Força", poderá emitir um feixe de luz, como aquele emitido por uma arma de laser. Diversos movimentos de dedos e mãos podem ser usados para emitir essa luz, mas você não precisa se preocupar muito com isso, porque será capaz de fazer a postura certa naturalmente se tiver um espírito guia para orientá-lo nisso. Em geral, o poder que sai da palma da mão é o mais fácil de usar. Ele é bastante eficaz para exorcizar os maus espíritos. Também existem posturas para focar a luz em um ponto específico. Uma maneira comum de fazer isso é criar a forma de uma espada usando as mãos.

6
Como criar uma tela espiritual contra maus espíritos e demônios poderosos

A ineficácia do método tradicional xintoísta para afastar o mal

Outra pergunta que recebi foi sobre a maneira de criar uma tela espiritual para se defender dos espíritos malignos ou demônios poderosos. É muito difícil fazer isso. Na prática, o xintoísmo japonês, por exemplo, usa sal para afastar o mal; costuma-se deixar uma porção de sal nos cantos da sala ou empilhar o sal em forma de pirâmide. Eles até acreditam que certas marcas de sal são mais eficazes que outras. Na verdade, já testei esses procedimentos de várias maneiras, mas eram essencialmente um "passe livre" para os maus espíritos. Eles passavam direto, sem sofrer nenhum efeito do sal.

Existe também o *shimenawa*, um festão de cordas de palha trançadas, usado no xintoísmo. Certa vez tentei usar aquele com tiras de papel com algo escrito, mas isso também não afetou os espíritos e foi como lhes dar um passe livre. Talvez funcionasse antigamente, mas não se sabe ao certo.

O *shimenawa* é usado igualmente em ringues de luta de sumô, que são demarcados com essa corda. Não acho que o formato em si tenha importância; acredito que a tela espiritual é formada gradualmente quando muitas pessoas estão determinadas a criar uma "área sagrada". No sumô, há uma corda em círculo para demarcar um monte de terra, mais um cerco de cordas trançadas onde se faz o exorcismo e a purificação do local espalhando-se sal. Se o público gera uma onda mental coletiva para que Deus veja a luta de sumô como um evento sagrado, creio que isso forma um campo espiritual.

Os fenômenos que os espíritos malignos e os demônios conseguem manifestar

Há algum tempo, passou um filme japonês intitulado *Kuru* ("Ele vem", em tradução livre) que mostrava um ser desconhecido, parecendo ser um forte espírito maligno vindo de uma montanha. No filme, os personagens principais enchiam todo tipo de tigela, xícaras de saquê e outros copos com água para afastar aquele espírito maligno, mas na verdade nada daquilo adianta. As janelas, paredes ou o telhado também não ajudam, porque os espíritos podem atravessar qualquer material.

Por outro lado, os espíritos não conseguem fazer coisas como cortar a cabeça das pessoas com um serrote, como aparece nos filmes. Coisas desse tipo não ocorrem na realidade. Eles podem provocar uma paralisia do sono ou fazer o corpo ficar pesado de repente e desmaiar. Mas eu mesmo não encontrei um demônio que consiga provocar fenômenos físicos tão poderosos. Embora eles possam originar certos fenômenos físicos que incitam o medo para que as pessoas saibam de sua presença ou para assustá-las, eles não têm a capacidade de cortar corpos ao meio ou decepar uma cabeça; isso não existe. Além disso, não consigo aceitar a ideia de cadáveres enterrados num cemitério voltando à vida como zumbis e matando pessoas ou, então, de zumbis sendo mortos com um tiro de rifle. Creio que existem aí muitas misturas de lendas e superstições.

Quanto à interferência deles em aparelhos elétricos, isso é verdade. Não tenho certeza de como isso funciona, mas há casos em que as luzes se apagam de repente.

As pessoas também podem ficar doentes devido à possessão espiritual. Se uma pessoa está possuída por espíritos maus que ainda mantêm sua condição doente no momento da morte, ela pode sofrer uma enfermidade semelhante. Esses espíritos às vezes encontram uma maneira de possuir alguém com quem eles têm uma conexão próxima, como um amigo, o pai, o irmão ou outro parente. Se ele achar alguma brecha e obsediar a pessoa, vai causar a mesma doença nela.

Na verdade, existem famílias cujos membros morrem da mesma doença por gerações seguidas. Se durante três gerações consecutivas as pessoas morrem da mesma maneira, contraindo câncer ou enforcando-se, por exemplo, geralmente é devido à possessão espiritual. Nesse caso, é melhor suspeitar se é algum ser obsessor que fica rondando a família por várias gerações, como se fosse a Morte.

A importância de visitar os templos locais e os templos *shoja* da Happy Science

Pode haver espíritos perdidos desse tipo entre os nossos antepassados que não conseguiram voltar para o Céu. Nesse caso, seria difícil lidar com eles sozinho, então eu recomendo que você participe de seminários nos nossos templos ou solicite a um monge para fazer um exorcismo, entre outras coisas.

Claro, não é possível eliminar esses seres após uma única tentativa. A maior parte das pessoas passa quase todo o tempo fora de locais sagrados, por isso não é fácil eliminá-lo de vez. No entanto, você deve aceitar essa situação como uma oportunidade para trilhar o caminho da Iluminação e estar determinado a se esforçar para levar uma vida diferente daquela que esses espíritos tiveram.

Na verdade, a melhor solução é ser como a água e o óleo: se seu coração for totalmente diferente do coração do espírito que está tentando prejudicá-lo, vocês vão se repelir como o óleo repele a água. Por isso, evite ter um coração semelhante ao dele preenchendo sua mente com formas de pensar distintas. Meus livros e palestras irão ajudá-lo a conseguir isso.

Nesse sentido, é muito importante assistir e ouvir regularmente minhas palestras públicas, participar de nossos seminários e encontrar uma oportunidade para conversar com nossos monges.

Nós também realizamos rituais para exorcizar maus espíritos. Às vezes, os espíritos podem ser expulsos logo na primeira tentativa, mas se os espíritos já estiverem possuindo uma pessoa há muito tempo, eles provavelmente voltarão depois de expulsos. Por isso, é muito importante ir mensalmente aos templos, assistir às palestras, solicitar rituais de exorcismo e participar de outras atividades, pois não é tão fácil eliminar esses espíritos.

Aqueles que são capazes de canalizar espíritos devem buscar humildemente uma mente transparente

Certa vez, nos primórdios da nossa instituição, fiz uma pessoa sem aprimoramento espiritual suficiente tornar-se capaz de canalizar espíritos. Tudo estava bem no início, enquanto ela recebia a visita do seu espírito guardião, mas, em menos de um mês, começaram a vir maus espíritos, e ela não conseguia exorcizá-los por conta própria porque não havia aprendido a abrir seus canais com suas próprias habilidades. Nesse tipo de situação, o melhor a fazer é voltar ao básico. Você deve se livrar do desejo de fama, da vaidade e de pensamentos sobre o fato de você ser importante ou não em termos deste mundo. Deve também buscar com humildade uma mente transparente e voltar a realizar a disciplina espiritual como qualquer outro fiel ou discípulo. Conforme você prossegue com esses esforços, aos poucos vai retornar ao seu estado normal.

• Os Pré-Requisitos para o Verdadeiro Exorcista •

Como eu disse antes, quando se adiciona tinta preta a um balde de água, uma gota por vez, de modo gradual a água vai ficar completamente preta. Por outro lado, se você adicionar água pura a um balde de água suja, uma gota por vez, a água começará a transbordar e aos poucos se tornará límpida novamente. Com o tempo se tornará potável e poderá ser usada tanto para beber como para lavar roupa. O processo é o mesmo com relação às questões espirituais. Se você se contaminou e, por isso, atrai espíritos com os mesmos tipos de pensamento que os seus, precisa absorver aos poucos as qualidades opostas – os elementos sagrados. É importante eliminar suas impurezas gradativamente, como se estivesse desfiando uma fina camada de seda.

O aprimoramento espiritual requer uma continuidade de alguns anos. Muitos anos de prática são, de fato, eficazes. Ao continuar treinando por vários anos, você passará por diferentes experiências. Após cerca de dez anos, você provavelmente terá enfrentado todo tipo de situação. Assim, aqueles que estão em aprimoramento há vinte ou trinta anos na Happy Science já adquiriram uma força considerável. A maioria tem força.

No entanto, quando eles alcançam um *status* elevado depois de muitos anos de disciplina espiritual, podem se tornar vaidosos e começar a negligenciar um pouco seu aprimoramento. E, quando isso ocorre, eles não conseguem mais exorcizar os espíritos malignos e passam a ser alvo de ataque. Portanto, é preciso que os discípulos cuidem uns dos outros.

Conecte-se a El Cantare e você estará protegido

Há pessoas que não gostam de se envolver com organizações religiosas. Ficam satisfeitas só em comprar os livros da Happy Science em uma livraria e lê-los sozinhos, ou simplesmente assistir às minhas palestras públicas. Sempre existiram também aquelas que não gostam das regras e disciplinas estabelecidas pela organização. Elas tendem a se autodenominar "iluminadas", mas precisam saber que, por meio do treinamento dentro da organização, podem ser protegidas pelo poder coletivo dos fiéis. Somos frágeis individualmente; porém, quando muitas pessoas pertencentes a uma grande organização realizam o mesmo tipo de treinamento espiritual e têm formas de pensar parecidas, essas ondas mentais coletivas funcionam como uma barragem para prevenir o transbordamento.

Ao fazer o aprimoramento nesse ambiente, você pode se conectar, em última instância, a El Cantare e até ao grupo de espíritos assessores de El Cantare. A conexão com esse poder grandioso se tornará a força que irá protegê-lo. Se você estiver conectado à rede inteira, nenhum demônio terá a chance de vencer. É importante saber que aqueles que preferem se aprimorar por conta própria encontrarão limites para travar lutas individuais.

Isso conclui minha explanação sobre "Os pré-requisitos para o verdadeiro exorcista". Espero que seja de alguma ajuda para você.

CAPÍTULO QUATRO

O Caminho Certo para a Rendição do Mal

*O poder dármico para fazer
o mundo brilhar*

1

A iluminação religiosa para dispersar vírus, espíritos malignos e demônios

Superar sempre os problemas, não importa o que aconteça

Realizei poucas palestras públicas em 2020, e imagino que nossos membros não estejam se sentindo muito satisfeitos. Dei uma palestra pública em fevereiro na cidade de Kannonji, situada na província de Kagawa, e outra na cidade de Sendai, na província de Miyagi, em março. Logo em seguida escreveram uma matéria criticando nossa instituição, dizendo que a Happy Science estava dando palestras com indiferença para mais de mil pessoas. Eu fiquei um pouco surpreso ao descobrir que as pessoas em geral estavam muito nervosas e restringindo suas atividades. Mas achei melhor não os provocar muito e resolvi exibir palestras gravadas para as pessoas assistirem de forma mais reservada, em locais menores.

Tínhamos planos de ir a Londres em maio para dar uma palestra pública, mas devido à disseminação do novo coronavírus, as reuniões com três ou mais pessoas estavam proibidas na época. Posteriormente as restrições passaram a permitir reuniões de até 6 pessoas, mas nessas circunstâncias não poderíamos dar uma palestra pública, e infelizmente tivemos de cancelar o plano. Também havíamos planejado dar uma palestra em Nova York em setembro, mas o Estado foi o local mais atingido pelo coronavírus, e também ficou difícil realizar o evento lá.

Há momentos em que nada sai como o planejado. Diversos imprevistos surgiram desde que comecei este trabalho, muitos anos atrás. E não importa o que aconteça, sempre buscamos novas maneiras de superar os obstáculos. Dessa vez não foi diferente, então decidi me concentrar no que precisava ser feito internamente e guardar os preparativos dos trabalhos que devem ser feitos para que, quando estivermos livres, possamos seguir em frente.

No verão passado, trabalhei muito para escrever as histórias originais para os filmes que seriam lançados daqui a alguns anos, porque todos nós tínhamos que ficar em casa. Você poderá assisti-los quando tiver "envelhecido" um pouco. Além disso, acho melhor escrever o quanto antes os enredos para os filmes, já que minha sensibilidade ainda está aguçada.

Nas palestras da Happy Science, nenhum ouvinte foi infectado pelo coronavírus

Este capítulo, "O caminho certo para a rendição do mal", é a transcrição de uma palestra proferida em outubro de 2020 no templo Seitankan da Sagrada Terra de El Cantare, na província de Tokushima, na ilha de Shikoku. Na verdade, meu plano original era falar sobre este tema muito antes, para dar o pontapé inicial ao nosso filme *A Verdadeira Exorcista*[22], que estava programado para ser lançado em maio. Porém, na época, quando as pessoas avistavam carros com placas de outras províncias estacionados ali, logo denunciavam à polícia. Isso normalmente não acontece. Em uma situação normal eu pensaria: "Qual o problema de vir um carro com placa da província de Kōchi, de Kagawa ou de Ehime?". Mas estávamos num período de tensão e, para não provocar atritos, resolvemos adiar a palestra.

No entanto, até agora nenhuma pessoa contraiu o coronavírus ao assistir às minhas palestras. Portanto, não há com o que se preocupar. Com certeza houve um período em que os cultos religiosos foram considerados perigosos, depois que alguns fiéis de outras religiões contraíram o vírus nas igrejas, mas nossa religião é de um tipo diferente.

O coronavírus também se espalhou amplamente na Coreia do Sul, e uma das igrejas cristãs, que dizem ser um grupo herético, viu centenas de seus seguidores contraindo o vírus após uma reunião. Mas isso não acontece na Happy Science.

No final de agosto de 2020, a Happy Science lançou um documentário chamado *Vivendo na Era dos Milagres*[23] e, um ano antes, nossa produção estava em busca de histórias de pessoas que haviam superado doenças graves. Quando o coronaví-

---

22 Produção executiva e história original de Ryuho Okawa. (N. do A.)
23 Concepção original de Ryuho Okawa (N. do A.)

rus começou a se espalhar por volta de fevereiro e março, sugeri que incluíssemos no filme alguns exemplos de pessoas que se recuperaram da infecção pelo coronavírus. Mas a produção disse que não encontrou nenhum caso porque ninguém da organização havia se contaminado, então não tínhamos nenhum caso que poderia enriquecer o filme.

Aparentemente, eles encontraram um caso: um não membro que mora nos Estados Unidos foi hospitalizado depois de contrair o coronavírus e teve febre alta, mas se recuperou rapidamente da infecção depois que seu parente japonês e membro da Happy Science no Japão fez um *Kigan* (prece ritual) chamado "*Kigan* para Combater a Infecção do Novo Coronavírus Originário da China", e assim teve alta. Mas a equipe considerou isso muito comum para estar em um filme sobre milagres, então o caso não foi incluído. Os membros da Happy Science basicamente não são infectados. Infelizmente, não podemos dar provas de milagres no que diz respeito às infecções por coronavírus, mas o fato de todos estarem saudáveis é uma coisa maravilhosa.

A alma do primeiro-ministro Boris Johnson veio buscar ajuda

O presidente Trump, que vinha trabalhando duro sem máscara, finalmente foi infectado pelo coronavírus em outubro e foi internado em um hospital. Na época, eu acreditava que ele teria uma recuperação rápida e se apresentaria em um estado saudável de novo, e orei para que isso acontecesse (após essa observação, o presidente Trump teve alta do hospital e voltou ao trabalho depois de ser hospitalizado por três dias).

Talvez contrair o vírus não tenha sido tão ruim para ele; as acusações da mídia diminuíram um pouco, e inclusive Joe Biden retirou um comercial criticando o presidente. Trump costuma ser um pouco agressivo, então provavelmente foi bom ele ter ganhado um pouco de simpatia do povo. Tenho certeza de que, como presidente de uma potência, ele vai superar a doença com a enorme força que possui. Não importa o que esteja acontecendo no mundo, eu tenho a missão de continuar fazendo aquilo que devo fazer.

Quando Trump contraiu o coronavírus, seu espírito guardião não veio até mim pedir ajuda. Por outro lado, em março de 2020, eu tinha planos de visitar o Reino Unido. Foi nessa época que houve um incidente inédito, inclusive para mim: logo depois de terminar meu jantar, senti o que parecia ser um *ikiryō* de repente pesando sobre mim. Eu estava me perguntando quem poderia ser, e ele falou em inglês. Era o primeiro-ministro inglês Boris Johnson. Naquele momento ele estava prestes a ser transferido da UTI para um leito normal e tinha vindo me pedir para derramar luz espiritual nele.

Acho que não era o espírito guardião dele, mas seu próprio espírito. A alma dele próprio saiu do corpo e veio até Tóquio para conversamos. Depois disso, ele teve uma recuperação rápida e voltou a trabalhar. O espírito guardião de Trump não me visitou, então presumi que o caso dele não era tão grave, mas, se fosse, eu iria curá-lo.

Os vírus malignos se afastam quando você emite um halo

Do meu ponto de vista, a infecção pelo coronavírus não é um grande problema. Normalmente, lido com casos bem mais difíceis. Portanto, uma pneumonia causada pelo coronavírus é uma enfermidade leve que pode ser curada facilmente. Não há com o que se preocupar. Também criei uma música para repelir o coronavírus e lancei-a nacional e mundialmente para lutar contra o vírus.

Então, por que a infecção por coronavírus pode ser curada? No final das contas, se você harmonizar seu coração e concentrar sua mente, emitirá um halo por trás da cabeça com alguns centímetros. Com isso, maus espíritos e demônios comuns não conseguirão mais possuí-lo. Assim, uma existência tão simplória como um vírus maligno não será mais capaz de ficar grudado em você.

Se você conseguir criar um estado de espírito que lhe permita emitir um leve halo de seu corpo, esses vírus irão embora. Isso se aplica não só ao coronavírus, mas também ao vírus da gripe e de outras doenças infecciosas. No caso de doenças virais, basta criar um estado mental em que todo o seu corpo emane um halo, e o vírus irá embora. Em alguns casos, os vírus podem apenas se mover para alguém do seu lado. Desse jeito, o número de casos não diminuiria, mas o vírus se afastaria de você. Nesse sentido, a iluminação religiosa é eficaz para curar doenças. Este é um fato óbvio. Creio que este ponto está ligado aos principais pontos deste capítulo.

2
A rendição do mal utilizando a força da iluminação

Expulsando o demônio pela força da iluminação

O tema desta seção, a rendição do mal, é pronunciado como "gouma" em japonês, e os caracteres japoneses em *kanji* são difíceis de ler. Mas, no dia em que realizei esta palestra, fiquei admirado ao ver que os caracteres do título da palestra no templo Seitankan da Sagrada Terra de El Cantare não tinham um guia fonético. Não havia letras auxiliares para se ler em japonês: "Gouma no Hondou". Enquanto as pessoas que têm religião podem ler esses caracteres em *kanji*, as demais, que não têm conhecimento da religião, não conseguem. Diriam: "O que significa 'Gouma'?". Pelos caracteres, a expressão quer dizer "baixar o mal", o que poderia ser interpretado como "convocar os demônios", mas isso seria terrível e o oposto do significado verdadeiro: destruir demônios e satanás por meio do poder da iluminação, ou poder dármico e, assim, repeli-los.

Este conceito pode ser mais fácil para o povo da ilha de Shikoku entender, porque o monge Kōbō Daishi Kūkai (774-835), que nasceu nesse local e era ativo na ilha, lutou contra demônios com seu poder do Darma. Ele possuía um poder dármico muito forte como monge budista esotérico, então creio que as pessoas em Shikoku podem entender a ideia melhor do que aqueles que são naturais de outras regiões.

Por volta de maio de 2021 planejamos lançar um filme relacionado a esse tema, depois de *Twiceborn – Acreditando no Amanhecer*[24], que foi exibido nos cinemas japoneses em outubro de 2020. O novo filme, intitulado *Beautiful Lure – A Modern Tale of "Painted Skin"* ("Bela Sedução – Um Conto Moderno da 'Pele Pintada'", em tradução livre), conta a história de um monge – que é uma reencarnação de Kūkai – enfrentando um *yōma*[25] da era moderna. As filmagens já foram encerradas e agora estamos adicionando os efeitos especiais. Então, você poderá ver outro filme relacionado ao exorcismo com cenas de rendição do mal.

Ultimamente, temos pesquisado extensivamente sobre o Mundo do Verso do mundo espiritual e apresentado vários seres que ali residem. Eles têm tendências diferentes, portanto, se você os conhece e pode reconhecer rapidamente os casos específicos, é mais fácil se preparar mentalmente.

Uma palestra na Índia sobre a rendição dos demônios

A origem da expressão "rendição do mal" remonta à história de Sidarta Gautama, que nasceu no Nepal e atuou

---

24 Produção executiva e história original de Ryuho Okawa. (N. do E.)
25 Os *yōmas* são criaturas hábeis em seduzir ascetas como os monges. Aparecem em muitos contos japoneses como raposas. Ver *Shingan wo Hiraku*, ("Abrindo os Olhos Espirituais", Tóquio: IRH Press, 2020). (N. do T.)

• As Leis do Segredo •

na Índia há mais de 2.500 anos. Depois de fugir do Palácio de Kapilavastu e passar por um treinamento ascético nas montanhas por seis anos, ele lutou contra um exército de demônios enquanto estava meditando aos pés do pipal. Os demônios o desafiaram, como se estivessem em uma batalha final e decisiva, mas ele os derrotou com seu poder meditativo. Este episódio já foi retratado em filmes antigos, bem como em alguns dos filmes animados da Happy Science.

O pé do pipal – a árvore Bodhi, uma figueira-de-bengala – sob o qual Buda alcançou a iluminação fica no Templo Mahabodhi, que visitei quando fui à Índia em uma viagem missionária. No local há uma árvore enorme que é a terceira ou quarta geração da árvore original sob a qual Buda meditou. Ali há um grande templo e, na frente, uma área aberta onde dei uma palestra em inglês para um público de mais de quarenta mil pessoas (a palestra "The Real Buddha and New Hope" – "O Verdadeiro Buda e a Nova Esperança" foi realizada em 6 de março de 2011).

Por ser um amplo espaço aberto, levou mais de um mês para os carpinteiros construírem pilares e montarem uma estrutura em forma de tenda como local para a minha palestra. O espaço foi projetado para acomodar cerca de quarenta mil pessoas e dividido com grandes telas. Mas, no dia da palestra, o público continuava vindo de diversos lugares, até mesmo a pé. Cada vez mais pessoas chegavam, e eu me preocupava se conseguiria começar minha palestra a tempo.

Enquanto caminhava pelo palco em direção ao púlpito, vi que os altos sacerdotes do Templo Mahabodhi estavam sentados ali na frente. As primeiras fileiras foram ocupadas por monges budistas autênticos da Índia – a terra do budismo. Fiquei surpreso porque pretendia falar sobre assuntos simples para o público em geral, mas como aqueles monges profissionais estavam bem ali na frente olhando para mim, esperando que eu falasse sobre a iluminação, mudei de ideia e decidi falar sobre formas de derrotar os demônios e alcançar a iluminação a partir do "Caminho do Meio", mesmo que esses temas tenham sido um pouco difíceis.

Não sei se os quarenta mil ouvintes restantes foram capazes de compreender minha palestra, mas, como ela foi transmitida em rede nacional várias vezes, muitas pessoas devem ter entendido depois de vê-la. O Nepal também a exibiu em rede nacional diversas vezes. Ao contrário do Japão, pessoas de outros países têm um grande interesse por ensinamentos religiosos. Elas apoiam muito atividades religiosas, e espero que os japoneses percebam a diferença na atitude das pessoas em relação à religião.

A propagação da Happy Science pelo mundo

Em comparação com outros grupos religiosos japoneses, somos mais abençoados. As duas palestras que realizamos anualmente por ocasião da Festividade Natalícia, no verão[26], e da Festividade El Cantare, no inverno, agora são transmitidas por cinco ou seis tevês regionais. A tevê Wakayama e alguns outros canais também transmitem todos os anos, e os habitantes das províncias vizinhas podem assistir a essas palestras. Só a nossa organização religiosa possui esse privilégio; acredito que até certo ponto os profissionais da mídia nos aceitaram.

Por outro lado, as grandes emissoras que exibem programas em cadeia nacional dificilmente vão transmitir minhas palestras, a menos que eu me envolva em algum incidente que cause agitação na sociedade. Eles com certeza farão isso quando eu morrer, mas, enquanto ainda estiver vivo, farão de tudo para impedir que minhas palestras sejam exibidas tão facilmente na tevê. Mesmo assim, aos poucos estamos ganhando o reconhecimento de várias maneiras.

O coronavírus se espalhou amplamente pelo globo, mas a Happy Science também está travando um tipo diferente de batalha ao redor do mundo. De acordo com o relatório interno que recebi em outubro de 2020, há membros da Happy Science em 142 países, então talvez tenhamos expandido ainda mais agora. Se todos ficarem bem apenas ouvindo a música *The Thunder*[27] – *uma composição para repelir o coronavírus*, ou *The Exorcism*[28] – *uma música-prece*

---

26 As estações do ano são referentes ao hemisfério Norte. (N. do T.)
27 O trovão.
28 O exorcismo.

para exorcizar espíritos perdidos, essa será uma forma muito eficaz de lutar nos tempos modernos.

O filme *A Verdadeira Exorcista*, que citei anteriormente, já ganhou mais de 50 prêmios no exterior, o que foi surpreendente até mesmo para nós. Nem conseguimos memorizar os diversos tipos de categorias nas quais fomos premiados. Creio que nos outros países as pessoas são mais receptivas às questões religiosas.

Este filme é sobre exorcismos, mas simplesmente reunimos episódios daqueles que consideramos "comuns" para incluir no filme e colocamos um clímax no final. Aparentemente, essa abordagem pareceu incomum para os produtores de outros filmes de exorcismo ou de terror; eles devem ter pensado: "Basta fazer isso? Não deveriam colocar mais sustos, cenas de medo e perseguições?". Nosso filme tratou de casos que ocorrem normalmente na vida, e isso lhes deu uma impressão única. É muito gratificante ver que eles foram capazes de perceber isso, e isso me fez pensar que ainda há esperança para mundo.

3
A rendição do mal no filme
Twiceborn – Acreditando no Amanhecer

O filme *Twiceborn – Acreditando no Amanhecer* retrata claramente a luta para render o mal

O episódio em que Buda Shakyamuni alcançou a Grande Iluminação é conhecido como "iluminação alcançada rendendo os demônios". Isso significa que ele rendeu o demônio e completou seu caminho para a Verdade. Esse com certeza não era o objetivo final, mas significa que ele obteve a primeira grande iluminação. As escrituras budistas descrevem como Buda venceu os demônios de diversas formas, mas em geral diz-se que apareceram em sucessão o primeiro exército de demônios, o segundo e o terceiro, alguns deles montados em elefantes, muitos outros ao redor, vindo atacá-lo com armas diversas. Porém, Buda derrotou todos esses demônios em um calmo estado de meditação. Assim, ao derrotar o mal Buda alcançou a iluminação sob o pé do pipal. É por isso que se diz que: "render os demônios é alcançar a iluminação".

De fato, ao atingir a iluminação a pessoa recebe o poder dármico – o poder espiritual para dissipar os demônios. Hoje, muitos estudiosos do budismo dizem que essa batalha se refere a conflitos internos e preocupações na mente de Buda, mas isso não é verdade. Como já expliquei em diversos livros que publicamos na Happy Science, aquela batalha não foi apenas um conflito interno, mas uma experiência real de luta contra os demônios. Foi real e aconteceu mesmo.

Você pode ter um vislumbre dessa luta mais uma vez no filme *Twiceborn – Acreditando no Amanhecer*, que foi lançado no Japão em 16 de outubro de 2020. Nele descrevo o caminho que tomei para atingir a iluminação até o dia em que dei minha primeira grande palestra no Tokyo Dome. O filme mostra como tudo aconteceu de fato.

A batalha final para derrotar os demônios sempre acontece pouco antes de alcançar a iluminação. Um filme que produzimos dois anos antes também tinha uma cena semelhante retratando como lutei nessa batalha, mas não conseguimos mostrar de maneira clara o que eu realmente passei para vencer os demônios. Essa batalha é um ponto importantíssimo. Um indivíduo não pode chamar a si mesmo de "verdadeiramente iluminado" a menos que tenha vencido os demônios. Por isso, reunimos mais materiais detalhadamente para reestruturar a história e recriar o filme, que acabou se tornando um filme completamente diferente.

O demônio faz o ataque final na véspera da iluminação

O filme *Twiceborn –Acreditando no Amanhecer* é uma verdadeira obra-prima. Antes mesmo de ser lançado no Japão ele já recebeu mais de 20 prêmios internacionais, o que mostra o quão é promissor. É um filme ótimo, mas ficou mais longo do que a maioria dos filmes. Para dizer a verdade, o diretor queria cortar algumas cenas, uma redução de mais de 16 minutos, mas pedi que não o fizesse porque não vi nenhuma cena que pudesse ser omitida. Não achei que teríamos outra chance de fazer um filme sobre o mesmo tema, e também seria difícil para mim resgatar de novo as lembranças da minha juventude, então tive esse tipo de negociação com o diretor para ver se iríamos deixar o filme 16 minutos mais curto. Pedi a ele: "Por favor, não corte nenhuma parte dele. Já está pronto e não podemos filmar novamente, então vamos deixar como está. Este filme é baseado em fatos e retrata tudo que realmente aconteceu, então nada precisa ser omitido". Até deixei-lhe um bilhete: "O produtor executivo está pedindo que o filme não seja encurtado. Isso não é uma honra para o diretor?". Por fim o convenci dizendo que, normalmente, os diretores executivos pedem que seja feito o contrário, por isso, deveria ser uma honra para um diretor que lhe peçam para não cortar nenhuma parte do filme. Que é uma honra não haver nenhuma parte a ser omitida.

Os cinemas não gostam muito quando um filme ultrapassa 120 minutos, porque se preocupam com o número de sessões por dia. Porém, nosso filme tinha cerca de 10 minutos a mais. Mas argumentamos que outros grandes filmes que se tornaram um sucesso internacional têm de 140 a 150 minutos de duração e também não terminam em 2 horas, e

• O Caminho Certo para a Rendição do Mal •

que esse não era um ponto para ser discutido, pois já era uma obra-prima. Então, decidimos manter o filme como estava.

Um dos destaques no final do filme é a cena em que o personagem principal vence os demônios e atinge a iluminação. Neste filme, tentamos ao máximo permanecer fiéis ao que experimentei e reproduzimos os eventos reais usando computação gráfica. Então, é possível estudar o tema deste capítulo mais uma vez assistindo ao filme.

Deixe-me explicar um pouco melhor o que aconteceu comigo. Normalmente, a possessão espiritual por espíritos malignos e demônios pode ocorrer quando sua mente está em más condições, mas também há outras circunstâncias que não seguem esse padrão. No caso dos praticantes religiosos, os demônios fazem um ataque final e feroz sobre eles pouco antes de alcançarem a iluminação. Isso veio ocorrendo ao longo da história; aconteceu com o Buda Shakyamuni e também com Jesus. No meu caso, vendo a intensidade do ataque, percebi o quanto eles estavam desesperados, tentando me impedir de deixar meu emprego na empresa e me tornar independente para fundar a Happy Science. Percebi que cumprir minha missão os colocaria em sérios problemas; eles queriam que eu desistisse para que ficassem livres para manter seu império do mal a salvo.

Mais de 70 anos se passaram desde a Segunda Guerra Mundial, e os demônios conseguiram manipular o sistema educacional japonês para deixar as pessoas em dúvida sobre a existência do outro mundo. A medicina avançou, mas somente com foco no materialismo. Os médicos tentam curar doenças apenas realizando cirurgias para cortar e remover partes do corpo, como órgãos internos, ou prescrevendo remédios. O pensamento materialista está prevalecendo dessa forma, o que é um grande problema.

A razão espiritual por trás das reações violentas das pessoas à Verdade

No ano passado, tive o seguinte problema. Um médico com quem eu tinha uma consulta havia ganhado um livro da Happy Science e o leu antes da consulta.

Até então eu nunca tinha tido problemas com aquele médico, que era uma pessoa agradável e gentil, mas naquele dia em particular ele tinha o semblante sombrio e parecia estar sob uma influência espiritual negativa. Ele havia lido em meu livro como as doenças podem ser curadas por meio de milagres, e essa noção foi um choque para sua alma, como se ele tivesse levado um golpe de taco na cabeça. Para minha surpresa, o médico estava possuído por um demônio.

Ele não é o tipo de pessoa que normalmente seria possuída por um demônio, então isso significa que a noção de doenças sendo curadas por milagres causou um grande impacto na medicina também. Os médicos não aprendem sobre isso ou realmente não experimentam por si próprios, então talvez fosse inaceitável para ele. O médico ficou totalmente perplexo, o que foi uma grande surpresa para mim.

• O Caminho Certo para a Rendição do Mal •

Isso mostra o quanto a Verdade é poderosa e pode estimular outras pessoas de uma forma inesperada. Você também pode ter experimentado várias reações negativas ao dar livros da Verdade a outras pessoas ou falar sobre isso com elas. Mas seja forte: quem sente que esses ensinamentos são bons e aceita livros sobre a Verdade de forma tranquila é como uma flor de lótus prestes a desabrochar. Porém, as pessoas normais irão rejeitar ou resistir à sua oferta. Uma das razões para isso é que, se aceitarem o sistema de valores da Verdade, não poderão mais levar a vida tranquila que tiveram até então. Outra razão é por causa dos vários espíritos que possuem essas pessoas. Dentre os espíritos de seus antepassados, familiares, amigos ou de colegas de trabalho, aqueles que morreram doentes ou devido a um acidente, alguns podem ter caído no inferno e se tornado espíritos malignos após a morte. Se a pessoa estiver possuída por um desses espíritos, ela rejeitará a Verdade ainda mais intensamente porque os espíritos possuidores a detestam.

No dia que em proferi essa palestra, também podem ter ocorrido alguns fenômenos no auditório principal ou nos secundários: algumas pessoas podem ter balançado o corpo para os lados ou para a frente e para trás, enquanto outras podem ter adormecido. Em outros casos, algumas pessoas podem até ter caído para o lado, para trás ou para a frente na cadeira ou podem ter percebido que seu corpo enrijeceu e desabou. Pode haver também casos de pessoas que espumam pela boca ou sopram bolhas de ranho pelo nariz. Todos esses fenômenos são reações espirituais. Quem testemunhar um deles pode ficar assustado, mas não precisa se preocupar. São sinais que indicam que os espíritos obsessores estão começando a se afastar. Portanto, se você suspeitar que tem um espírito obsessor, espero que aproveite esta oportunidade para começar a estudar a Verdade.

Porque é importante falar sempre sobre as verdades espirituais

Existem muitas pessoas que não conseguem acreditar em assuntos espirituais, mesmo que leiam ou ouçam falar a respeito. Quando você conta a verdade a elas, podem dizer que se trata apenas de uma ilusão da mente, que são só histórias antigas. Outras talvez respondam: "Não me venha com esse tipo de história em plena luz do dia, em horário de trabalho". Em geral, as pessoas separam os assuntos espirituais de sua vida real, então, em muitos casos, elas não conseguem entender a Verdade que você está tentando transmitir.

A Happy Science tem um programa de rádio intitulado "A chamada matinal dos anjos", que vai ao ar pela manhã nos fins de semana em 36 estações de rádio por todo o Japão, e o número de estações está crescendo continuamente. Além das apresentações de uma locutora, o programa apresenta trechos de minhas palestras e das músicas que escrevi e compus.

Quando este programa de rádio foi recentemente lançado em uma das estações de rádio locais no Japão, o CEO da

• O Caminho Certo para a Rendição do Mal •

estação também estava lá para ouvir. A locutora disse: "Bom dia a todos. Hoje, gostaria de falar sobre espíritos guardiões".

Ao ouvir isso, o presidente aparentemente ficou preocupado e sugeriu: "Por que não iniciar o programa com um assunto mais comum? Falar sobre espíritos guardiões pela manhã num fim de semana pode ser um pouco assustador".

Tendemos a não ter essas preocupações porque estamos neste ramo há muitos anos, e talvez nossos sentidos tenham ficado entorpecidos em relação a certos assuntos por vê-los como algo natural, mas não são tópicos comuns para aqueles que não estão interessados no mundo espiritual.

Também publicamos um número expressivo de livros sobre mensagens espirituais. Algumas pessoas podem achar que não há mais necessidade de publicar tanto, mas, ao apresentarmos um grande número de pensamentos diferentes, tentamos informar a diversidade que existe de espíritos.

Eu realmente quero que as pessoas saibam que somos seres espirituais e que, depois da morte, voltaremos para o outro mundo. Mesmo quando estamos vivos, todos temos um espírito guardião – um de nossos irmãos de alma – que tenta nos ajudar e nos dar conselhos. À medida que vivemos, somos afetados por diferentes tipos de influências espirituais de outras pessoas também. Quero que as pessoas saibam que este é o tipo de mundo em que vivemos.

4
Os segredos do universo que a ciência da Terra ainda desconhece

A Happy Science está fornecendo informações por meio de leituras espirituais de óvnis e de alienígenas

Além de publicar livros sobre mensagens espirituais, recentemente começamos a fazer leituras de óvnis e leitura espirituais de extraterrestres. Algumas pessoas podem se preocupar com o que estou fazendo, mas quando chego tão longe, não adianta parar. Tenho de revelar tudo o que devo, porque meu tempo vai se esgotar se hesitar. Portanto, decidi publicar o que deve ser publicado.

O Japão estava ficando para trás no campo das pesquisas de óvnis, mas agora está se recuperando e se juntando às nações avançadas depois que a Happy Science começou a liberar vários tipos de informações sobre este assunto.

No primeiro trimestre de 2020, a administração Trump liberou três filmagens de objetos voadores não identificados (óvnis), que supostamente carregavam seres extraterrestres. Mas isso não é nada. Deveria haver um número muito maior de registros de avistamentos de óvnis na realidade. No entanto, o governo americano finalmente fez um anúncio oficial da existência desses seres. No Japão, por outro lado, o Ministro da Defesa da época disse: "Eu mesmo não acredito em óvnis, mas agora que os EUA declararam oficialmente, pedimos aos integrantes da Força Aérea de Autodefesa para reunir o maior número possível de evidências, tirando fotos deles, por exemplo".

A Happy Science também está se empenhando em apresentar materiais de referência sobre esse tema. É impossível que formas de vida existam somente na Terra nesse vasto universo. Há trilhões de galáxias que possuem sistemas estelares e incontáveis planetas com ambientes semelhantes ao nosso. Muitos desses planetas reúnem condições que permitem a existência de vida. Além disso, não podemos dizer que todos os planetas estão necessariamente no mesmo estágio de evolução ao mesmo tempo; deve haver planetas mais avançados e outros que ainda estão em desenvolvimento. Como existem formas de vida na Terra, é provável que seres de outros planetas avançados estejam aqui para nos observar.

Com relação a isso, nem todos os materialistas discordam desse ponto; alguns dizem que não podem negar por completo a possibilidade de que haja humanoides em outros planetas; basta ter um ambiente propício que isso é possível, de acordo com as leis da evolução e desde que o meio ambiente permita. Para que isso faça sentido, precisamos explicar como essas formas de vida conseguem percorrer uma distância tão grande para chegar até aqui, mas o nível atual da ciência na Terra não é avançado o suficiente para fazer isso.

Minha palestra sobre óvnis e o universo se propagará para muitos países

Talvez, na geração de seus netos, finalmente seja possível ir a Marte pagando uns 2 milhões de dólares. Mas pode não ser tão emocionante como se poderia pensar, porque não há muita coisa para ver ali. Pode-se trazer um pedaço de rocha, na melhor das hipóteses.

Os humanos também poderão viajar para a Lua um dia, mas como há muitas coisas que "não deveriam ser testemunhadas" no lado oculto, ainda há obstáculos a serem superados. Quando os EUA conduziram o projeto Apollo, viram e gravaram imagens de muitas coisas que não deveriam ter testemunhado do outro lado da Lua. Desde então, ficaram com medo e interromperam as viagens. Mas acredito que começarão a visitar a Lua novamente.

É normal as pessoas sentirem medo quando veem algo desconhecido. Mas assim que ouvirem as explicações sobre o que são esses "segredos", provavelmente serão capazes de ter uma visão geral sobre eles.

A alma de alguns de nós já viveu em outros planetas além da Terra. Quando ela completa o treinamento de sua alma naquele planeta, ela migra para outro. Assim, existem almas que estão começando um novo aprimoramento na Terra e outras que já o completaram e estão saindo daqui e partindo para outro planeta.

Eu também ensino que o reino dos espíritos das dimensões mais elevadas fala muito sobre o Reino Cósmico, que está conectado a outros planetas.

Do ponto de vista da vida terrena, talvez fosse melhor não falar sobre esse assunto, mas se eu não fizer isso, quem mais poderá dizer a verdade? Mesmo que meus discípulos digam a mesma coisa, eles podem não ser levados a sério, então estou determinado a dizer tudo o que precisa ser dito.

Num livro que publiquei recentemente, comentei que temos membros em 142 países. Então, se eu contar que os óvnis e as pessoas do espaço têm visitado a Terra, essa informação se espalhará para mais de 140 países. Esta é uma situação conveniente inclusive para os extraterrestres, por isso às vezes eles nos enviam revelações do espaço.

Eu publico livros não apenas sobre mensagens espirituais e tópicos relacionados ao espaço, mas também sobre temas gerais, como formas de pensar baseadas no pensamento religioso ou maneiras de viver como um ser humano. Trato de assuntos relacionados ao espaço apenas na premissa de que o princípio fundamental – viver a vida da maneira certa como seres humanos – seja preservado. Enquanto mantenho esse fundamento, procuro me expandir e me aprofundar em outras áreas nas quais as pessoas têm interesse ou sobre as quais desejam saber mais.

• As Leis do Segredo •

O campo magnético que compõe o mundo espiritual da Terra

Parece que os cientistas ainda não tiveram sucesso em explorar o mundo espiritual. Mas, do meu ponto de vista, funciona assim: a Terra gira em torno do Sol enquanto faz uma rotação em torno de seu eixo e, com base no que vejo, ao dar uma volta ao longo de 24 horas, ela forma um campo magnético. Esse campo magnético é dividido em várias camadas. Parece-me que um mundo espiritual multidimensional é formado no campo magnético criado pela rotação da Terra. A camada mais próxima da superfície terrestre é o reino chamado de "quarta dimensão", seguido pela quinta dimensão acima dela, depois a sexta dimensão e assim por diante. Desta forma, o mundo espiritual é formado em camadas à medida que a Terra gira. Presumo que também existam esses campos magnéticos em outros planetas onde há formas de vida humanoides.

5
A essência de render os demônios do ponto de vista da Verdade

Uma "simples Verdade" que pode mudar sua vida

Embora a ciência ainda seja incapaz de explicar o mundo espiritual, a verdade reside no que Buda disse há mais de 2500 anos. De fato, o outro mundo, ou Mundo Real, é o mundo verdadeiro, e uma parte das almas ocasionalmente reencarna na Terra. Embora esse conceito seja bem simples, aceitá-lo ou não pode fazer uma grande diferença na sua vida.

O outro mundo, que é invisível, é o nosso verdadeiro lar, onde efetivamente temos uma vida cotidiana. De vez em quando, renascemos aqui na Terra para adquirir e acumular novas experiências, porque este mundo passa por mudanças de eras. Aqui é o único local onde almas de diferentes níveis se reúnem, e este é o significado de nascer neste mundo. Ficamos como batatas descascadas: não há como dizer quem é uma grande alma e quem não é; nessa condição, vamos para diferentes escolas e trabalhamos em empresas diversas. Nesse aspecto, o mundo terreno tem sentido.

No outro mundo, as almas habitam dimensões diferentes, dependendo do nível de cada uma; porém, quando reencarnamos na Terra, ficamos todos juntos. À medida que passamos pelo aprimoramento da alma neste mundo, alguns cometerão erros e acabarão no Inferno, onde farão o treinamento espiritual por várias centenas de anos. Depois de séculos de aprimoramento e autorreflexão, eles ascenderão para um nível ligeiramente mais alto no mundo espiritual e terão outra chance de renascer na Terra. Nós ensinamos essa visão simples do mundo. Sempre chegamos a essa conclusão, não importa quantas vezes façamos várias pesquisas sobre isso, então é melhor que você aceite essa visão.

O significado da palavra "liberdade" para a Happy Science

Eu gostaria de ressaltar aqui os conceitos defendidos tanto pela Happy Science como pelo nosso partido, o Partido da Realização da Felicidade: o tripé "Liberdade, Democracia e Fé". Algumas pessoas podem argumentar que devem ser livres para fazer o que quiserem, porque essa é a vida delas neste mundo. No entanto, devo dizer: "Espere um minuto".

Se as pessoas acreditam que devem fazer o que quiserem porque a vida é limitada a este mundo e daqui a alguns anos ou décadas elas vão morrer, então isso justificaria, por exemplo, que uma pessoa resolvesse subir num palco com uma metralhadora e começasse a atirar para todos os lados matando centenas de pessoas para aliviar sua insatisfação, como nos filmes radicais. No entanto, esse não seria o fim da história. Mesmo uma sentença de morte não é o fim de uma pessoa. Ela terá de se arrepender por um longo período de tempo depois disso. É por isso que os seres humanos não devem agir assim.

A liberdade vem com responsabilidade, então, quando você faz algo errado, sempre há consequências negativas. Portanto, tenha como ideal levar felicidade aos outros, fazendo livremente o que você acha que é certo.

O despertar espiritual torna o mundo belo e reluzente

Algumas pessoas acham que só podem ser felizes quando conseguem algo ou quando certas condições são satisfeitas. No entanto, quando você se tornar mais espiritualmente desperto, o mundo realmente parecerá belo e reluzente. Isso é descrito na letra da música "Da tristeza à alegria" (escrita e composta por Ryuho Okawa, a canção do filme *Vivendo na era dos milagres*).

Diferentes tipos de pessoas vivendo em distintos ambientes familiares e de trabalho estão se esforçando para atingir sua própria iluminação. Se você puder sentir que o mundo é belo enxergando as pessoas dessa forma e partir deste mundo com este sentimento, podemos dizer que sua vida foi bem-sucedida.

Quando vi todas as pessoas reunidas para ouvir minha palestra, senti que o mundo é lindo. Aos meus olhos, todos

• As Leis do Segredo •

os que estavam sentados na plateia estavam brilhando como ouro puro, embora possam estar ligeiramente "revestidos" com outra coisa. Alguns estão até com um brilho na cabeça.

Como costumo ensinar, uma das características de quem vai para o Inferno é a tendência a culpar os outros ou o ambiente quando algo desagradável ou infeliz ocorre. Este é o maior erro deles. Todos os que vão para o inferno têm essa característica. Para ser franco, eles são egocêntricos. Pessoas egocêntricas que caem no inferno são orientadas a refletir sobre suas palavras e ações, são isoladas ou intimidadas por ogros. Assim é o Inferno.

Por outro lado, entre aqueles que tentam beneficiar os outros trabalhando para eles, fazendo os outros felizes ou atuando para tornar o mundo mais belo, todos retornam para o Mundo Celestial. A verdade é tão simples quanto isso.

Portanto, se você continua culpando as outras pessoas ou o ambiente de maneira egocêntrica, e continua pensando que ficou infeliz por causa disso ou daquilo, você está no caminho errado e precisa mudar sua maneira de pensar. Deve perceber que você recebe muitas coisas, e que também é abençoado por muitas coisas, e isso é maravilhoso.

No dia em que dei a palestra que originou este capítulo, estavam presentes um ex-colega de classe da época da Escola de Ensino Médio de Kawashima e meu professor de matemática. Mesmo estudando em Kawashima, entrei na Universidade de Tóquio, competindo em pé de igualdade com alunos brilhantes das escolas de elite de Tóquio e Osaka. Isso mostra que a educação na Escola de Ensino Fundamental de Kawashima e na Escola de Ensino Médio da Província de Tokushima, que frequentei, não era ruim. Afinal, tudo depende da consciência e do esforço de cada um. Tudo se tornará maravilhoso se você estiver ciente da sua própria missão e se esforçar.

Por isso, se possível, procure não ficar arranjando desculpas como: "Não vou ter sucesso porque sou do interior" ou "Não sou bom porque minha família é humilde". Estamos todos em ambientes diferentes e nossos pontos de partida podem ter sido diferentes, mas estamos sendo julgados com base no quão longe chegamos desde o ponto de partida. Portanto, tente olhar para si por essa perspectiva.

Você pode alegar que teve muitas desvantagens: que perdeu um dos pais ao nascer, que seu negócio foi à falência e que ficou sem dinheiro. Ou talvez reclame que não pôde frequentar uma escola, mas, mesmo assim, se decidir estudar depois de se tornar adulto poderá encontrar muitas maneiras de fazê-lo. E, se continuar se esforçando, com certeza se tornará instruído. Portanto, não há obstáculos que você não possa superar.

O mundo ficou mais belo com o seu nascimento?

Quando dou palestras em Tóquio, costumo falar sobre a importância de "começar do comum", mas aqui gostaria de falar sobre o contrário. Mesmo que acredite que é uma pessoa comum, você não é. O pó de ouro pode ser encontrado em qualquer lugar. Onde quer que você esteja, sempre haverá bons amigos, bons professores e bons mentores. Em qualquer empresa para a qual trabalhe também.

Se você pensa que somente nas grandes empresas os chefes são respeitáveis, e nas pequenas, não, está enganado. De modo algum isso é verdadeiro. Existem muitas pessoas que podem servir como seus "mestres da vida" em diversos lugares. Aprenda com esses mestres e vá se lapidando continuamente. E saiba que o mundo é belo.

Na música que mencionei, "Da tristeza à alegria", há um trecho que diz: "Com o meu nascimento, o mundo se tornou belo?". É exatamente disso que estou falando.

Com o seu nascimento, o mundo se tornou belo? Ele melhorou? Faça estas perguntas a si mesmo. Se você puder responder "Sim" a essas perguntas, significa que sua vida foi bem-sucedida. Espero que você viva sua vida com esse espírito.

Algumas pessoas podem se sentir confusas com as várias informações que apresentei nesta seção, mas a essência é muito simples: descobrir o significado de ter nascido neste mundo, ter uma vida plena de forma a ser útil aos outros e se graduar maravilhosamente neste mundo. Esse estilo de vida é importante. É missão da religião ensinar essa verdade simples.

Se as pessoas apenas estudarem os estudos acadêmicos deste mundo sem aprender a Verdade, muitos se tornarão espíritos perdidos e vagarão por aqui após a morte, porque não serão capazes de dar o salto final deste mundo para o outro. Além disso, existe um mundo governado por demônios e diabos que controlam esses espíritos, formam grupos semelhantes aos sindicatos do crime organizado e cometem diversas atrocidades usando seus subordinados. Assim, quem está há muito tempo no Inferno passa a assumir posições de comando. Depois de ingressar em um desses grupos, é difícil sair deles. Isso ocorre neste mundo e da mesma forma no mundo espiritual. Alguns espíritos estão realmente presos nesses grupos.

Busque o aprimoramento espiritual e torne-se uma estrela brilhante

A essência da rendição do mal é conhecer o seu próprio brilho e o das diversas pessoas ao seu redor, com base no conhecimento das visões espirituais do mundo. E, então, viver com gratidão e retribuição. Se você conseguir viver dessa maneira, será capaz de render o mal naturalmente. Portanto, não é preciso ter um medo excessivo.

Todas as pessoas têm pelo menos uma pequena quantidade de poder dármico. E, como mencionei no início, você será capaz de emitir um leve halo ao estudar a Verdade. Isso será possível por meio do treinamento espiritual. Com isso, diversos seres malignos não serão mais capazes de possuí-lo. Isso ocorre devido à Lei de Sintonia de Vibrações.

Embora possa haver uma disparidade entre os níveis de consciência das pessoas, todos podem atingir um certo grau de iluminação. Inclusive, isso está de acordo com a mentalidade da democracia.

Portanto, busque um senso maior de espiritualidade. Desenvolver seu raciocínio por meio dos estudos acadêmicos com certeza servirá de base para você ter sucesso e contribuir com algo para este mundo, mas esse não deve ser seu objetivo final. O importante, em última instância, é buscar a elevação espiritual. Termino este capítulo rezando do fundo do coração para que você se torne uma estrela brilhante. Vamos fazer o nosso melhor.

CAPÍTULO CINCO

A Criação a Partir da Fé

Os segredos para superar as crises que a humanidade enfrenta

• A Criação a Partir da Fé •

1
Eventos inesperados estão ocorrendo no mundo

Não é necessário ter medo excessivo em relação ao coronavírus

Várias adversidades que as pessoas nunca imaginariam ocorreram no ano de 2020. Como muitos grandes auditórios não estão sendo abertos para uso, realizamos a palestra que deu origem a este capítulo em Sohonzan Shoshinkan (um dos templos-sede da Happy Science) para a Festividade Natalícia e a transmitimos ao vivo para diversos locais ao redor do mundo.

Eu gosto de ter um grande público, então, quando me dizem para realizar um evento pequeno, sinto que minha força vai se esvaindo, encolhendo como um buraco negro. Não posso deixar de me sentir muito triste. Fora do Japão, sei que as pessoas assistiram à palestra por meio de uma transmissão ao vivo, e também organizamos a transmissão da palestra para as casas de pessoas que vivem em locais que proíbem aglomerações.

Mas, mesmo que se faça um grande evento, as pessoas devem manter distância umas das outras. Vendo todas essas restrições impostas nos dias de hoje, verifico que estou longe de conseguir pregar "As Leis do Universo", e só consigo pensar que as "leis deste mundo" são bastante rígidas e difíceis.

Como continuamos a realizar palestras para um público de algumas centenas ou um pouco mais de mil pessoas, mesmo depois de fevereiro, alguns meios de comunicação nos criticaram em seus artigos, dizendo: "A Happy Science está reunindo muitas pessoas para realizar eventos. Eles são bastante ousados". Eu não conseguia entender o que eles queriam dizer com "ousados", porque estávamos apenas fazendo nosso trabalho como de costume. Em cidades pequenas, estávamos realizando eventos pequenos normais, mas, aparentemente, outros grupos não podiam fazer nenhuma reunião.

Em que será que as pessoas estão acreditando? Provavelmente estão seguindo as opiniões de uma parte dos profissionais da medicina moderna, mas isso não tem sentido. Não há como as pessoas serem infectadas pelo coronavírus por assistir às minhas palestras.

Os vírus estão longe de serem chamados de organismos vivos. Se fôssemos tão grandes quanto as baleias, os vírus teriam apenas o tamanho do plâncton. Portanto, diga para si: "Não há como eu ser derrotado por eles". Se você tiver esse tipo de força de vontade, com certeza estará seguro.

Mas aqueles que estão dominados pelo medo e estão procurando algum motivo para adoecer e morrer vão aproveitar esse momento como uma oportunidade para adoecer e ser hospitalizado. Há muita gente assim, que corre para o hospital, acaba piorando e morre.

Os japoneses estão fazendo um grande alarido por causa do coronavírus. O número de pessoas que morreram de pneumonia causada pelo coronavírus no Japão chegou a oito mil e algumas centenas, e o número de infectados é de cerca de 450 mil[29].

Além disso, o número total de mortes no Japão teria diminuído em mais de 17 mil pessoas em comparação com o ano anterior (com base no relatório de outubro de 2020). Na verdade, o número de mortes causadas pelo coronavírus é muito pequeno em comparação com o de outras doenças. A cidade de Tóquio, por exemplo, que possui uma população de 14 milhões de habitantes, teve de 100 a 200 pessoas que testaram positivo ou tiveram febre superior a 37,5 graus, mas essa é uma taxa de infecção extremamente baixa; a probabilidade é menor do que jogar uma pedra e acertar em alguém.

Fico um pouco triste ao ver que as pessoas continuam reclusas, interrompendo todos os tipos de atividades. Elas estão sendo derrotadas pelo medo. E creio que já estão confinadas em casa há alguns meses. Eu acredito que não é necessário ter tanto medo porque você pode facilmente vencer o medo com o poder da fé.

---

[29] Os números relativos à pandemia do novo coronavírus que aparecem neste capítulo 5 correspondem aos dados registrados até 17 de março de 2021. (N. do T.)

O presidente Trump pediu a abertura de igrejas, mesmo com o coronavírus

O coronavírus continua se espalhando em muitas nações. Acho que esses países não têm força suficiente para lutar porque os ensinamentos da Happy Science ainda não estão ali disseminados.

Nos EUA, o presidente Trump incentivou as igrejas a permanecerem abertas, mesmo com a proliferação intensa do vírus. Diversos locais haviam proibido a aglomeração de pessoas, mas ele estava exigindo que as igrejas ficassem abertas. Achei sua decisão respeitável. O que ele quis dizer é que os locais de culto devem permanecer abertos e que não se deve impedir as pessoas de ir até lá para orar a Deus. Imagino que, em sua mente, a fé está acima da medicina, que é apenas uma parte da ciência, que, por sua vez, é só uma parte das matérias acadêmicas da era moderna. Agora, os EUA estão tentando se reerguer de uma situação muito difícil. Rezo para que o país se recupere e se torne de novo um líder forte.

Já são mais de 29 milhões de americanos infectados pelo coronavírus (registrados até 17 de março de 2021), mas é porque a Happy Science está ficando para trás em seu trabalho missionário. Se nossos ensinamentos tivessem se expandido um pouco mais, a situação não chegaria ao ponto atual.

O coronavírus também está se espalhando entre países muçulmanos, e as aglomerações foram proibidas em diversos locais. Parece que Alá ainda não lhes deu uma resposta.

Se eles pedissem uma resposta e orassem voltados um pouco mais para leste, eu poderia enviar-lhe luz, mas, como eles estão orando voltados para o céu, suas orações raramente chegam até mim.

O nome do Deus que vem protegendo a humanidade é El Cantare

Ao longo da história da humanidade houve muitos incidentes; surgiram diferentes doenças, ocorreram calamidades, desastres naturais e guerras. De fato, foram incontáveis acontecimentos. Houve momentos em que a população mundial foi reduzida à metade ou até um terço. Eu venho acompanhando as diversas eras, e tenho compartilhado com a humanidade tanto as alegrias como as tristezas.

Quem está diante de você agora se apresenta como Ryuho Okawa. No Japão, talvez cerca de 90% das pessoas conheçam o nome Ryuho Okawa, mas se fizermos uma pesquisa perguntando: "Você conhece El Cantare?", a porcentagem daqueles que estão familiarizados com este nome provavelmente será bastante reduzida. Não tenho certeza se as pessoas conhecem esse nome. Eu gostaria até de comparar o número de pessoas que conhecem El Cantare com o número de apoiadores do nosso Partido da Realização da Felicidade, mas ainda não comecei a investigar porque tenho medo de saber o resultado. Provavelmente, El Cantare é bem menos conhecido que Ryuho Okawa. No entanto, para aqueles ao redor do mundo que acreditam em Deus ou numa religião, agora é a hora de chamar o nome de Deus. Seria triste se nessa hora você não soubesse o nome de Deus.

Diversas religiões foram fundadas no passado, e não digo que não sejam úteis, muitas delas são eficazes até hoje. No entanto, os meios de locomoção eram limitados, e as pessoas não podiam viajar facilmente na época em que esses ensinamentos eram pregados de forma individual. Mas hoje o mundo está conectado como um só, o que ficou evidente com a atual pandemia causada pelo coronavírus. O vírus que se originou em Wuhan, na China, se espalhou num piscar de olhos por todo o mundo. E mais pessoas foram infectadas no outro lado do globo do que na China, onde tudo começou. A verdadeira natureza do vírus ainda é tema de discussão, mas não vou entrar em muitos detalhes aqui. Porém, devemos saber que o mundo inteiro agora está conectado de uma maneira boa e ao mesmo tempo ruim.

Atualmente, tenho pregado meus ensinamentos no Japão, mas esses ensinamentos não ficarão restritos ao público japonês, e a Happy Science também não se limitará ao Japão. Minhas palestras também chegam a Uganda, por exemplo, e as pessoas de lá se reúnem para ouvir minhas palestras, mesmo em aldeias distantes da capital. Sempre tenho isso em mente ao dar uma palestra.

2

A era dos milagres que está prestes a começar

O milagre da criança que ressuscitou na África

No documentário *Vivendo na era dos milagres*, lançado em agosto de 2020, há uma cena em que um dos principais repórteres é recebido pelos moradores numa vila de Uganda. Ele relata um milagre que aconteceu na África central, um local distante do Japão: uma menina que foi considerada morta do ponto de vista médico voltou à vida quando seu pai entoou nosso sutra fundamental "As Palavras da Verdade Proferidas por Buda" por 45 minutos. Esta é a versão moderna da ressurreição de Lázaro no cristianismo. Todos na aldeia sabiam que a menina estava morta há 45 minutos, mas testemunharam sua vida sendo recuperada depois que o pai entoou o sutra em inglês por 45 minutos. Ao ver isso, muitos moradores da vila se tornaram membros da Happy Science. Esta história foi incluída no filme.

Imagino que a fé deles seja mais pura e direta. Não se pode reviver alguém em um hospital japonês mesmo que você recite "As Palavras da Verdade Proferidas por Buda", pois é possível que a pessoa seja logo declarada morta e transferida para o necrotério. Mas mesmo nos dias atuais há um caso real de ressurreição simplesmente porque o pai recitou nosso sutra por 45 minutos.

No cristianismo, além da ressurreição do próprio Jesus após a crucificação, a história da ressurreição de Lázaro é o único milagre do cristianismo que envolve a ressurreição de mortos. Portanto, esse é um dos maiores milagres que podem ocorrer. O mesmo tipo de ressurreição ocorreu quando um seguidor da Happy Science na África – que nem é membro da equipe – entoou o sutra "As Palavras da Verdade Proferidas por Buda". Isso foi possível porque ele mentalizou El Cantare intensamente durante a entoação, acreditando que milagres podem ocorrer. Então, a criança ressuscitou de fato: o coração dela começou a bater; agora ela vai à escola e leva uma vida normal. Assim, o que é considerado impossível realmente ocorreu.

A Happy Science tem grande poder oculto como religião

Talvez você já tenha visto esse filme. Na verdade, milagres semelhantes às histórias do filme estão acontecendo em todo o Japão e no mundo. Mas isso é apenas o começo. Quando a fé realmente prevalecer em todo o planeta, milagres ainda maiores ocorrerão. Até mesmo Jesus Cristo, que orienta o cristianismo, com 2 bilhões de fiéis no mundo, é apenas um dos espíritos guias na Happy Science.

Quando você descobrir essa verdade, entenderá quão grande é o poder oculto que a Happy Science tem como religião. De agora em diante, veremos, ouviremos e sentiremos mais coisas inesperadas do que jamais imaginamos até agora. E enquanto estamos vivendo neste mundo terreno, acontecerão inúmeros fenômenos que consideramos impossíveis aqui na Terra.

A maior parte das pessoas passou por uma lavagem cerebral pela educação moderna, pelos meios de comunicação e pelas opiniões de seus vizinhos, e está vivendo sem conhecer seu real poder ou o verdadeiro poder de Deus e Buda no Mundo Celestial. Portanto, de agora em diante, eu gostaria de lhe mostrar o verdadeiro mundo.

A opinião humana que vem sendo destruída com o poder dos desastres e mudanças naturais

O ano de 2020 foi considerado o início da Era Dourada. Então, por que começou com uma pandemia de coronavírus que se espalhou pelo mundo todo?

Recentemente, houve no sul do Japão uma grande enchente devido a uma chuva fortíssima na província de Kumamoto, na região de Kyūshū. A enchente se estendeu por toda região de Kyūshū, causando dezenas de mortes e dezenas de milhares de vítimas.

As pessoas podem ter ficado surpresas com a notícia da tragédia vinda do Japão, mas o país vizinho, a China, também sofre grandes inundações, embora raramente as informe. Houve uma forte chuva que afetou 34 milhões de pessoas – um número surpreendente. Os habitantes das áreas afetadas estão começando a perceber aos poucos o que esses desastres podem significar. Saiba que os desastres naturais e as catástrofes têm força para destruir todas as barreiras e proteções criadas pelo ser humano, que pensa ter resolvido tudo com sua inteligência arrogante.

Por exemplo, a província de Kumamoto passou por muitos desastres naturais, provavelmente porque as pessoas pensavam que o nível da água do rio não subiria tanto. No entanto, os noticiários informaram que o nível do rio subiu 9 metros. Como se tratava de um rio e não do mar, pode ter sido natural acreditar que o nível da água não subiria tanto. Mas isso aconteceu, deixando várias casas submersas.

Portanto, mesmo que o Japão esteja adotando várias medidas diferentes sob o lema "fortalecimento do território nacional", haverá muitos desastres naturais que irão anular esses esforços, um após o outro. Eu já fiz um alerta sobre isso. Nos meses finais de 2019, muitos tufões atingiram o Japão e outros países.

A causa das nuvens de gafanhotos pelo mundo

No leste da África, na região do Quênia, surgiu uma nuvem de gafanhotos que depois se espalhou pela África, deslocou-se para a Ásia, passou pelo Paquistão e entrou na Índia. Os insetos devoraram os grãos e cereais, destruindo as colheitas por onde passaram. Na China, surgiram duas nuvens de gafanhotos de espécies distintas e devastaram vários tipos de plantações.

Esses gafanhotos do deserto são capazes de voar uma distância de 150 quilômetros apenas comendo 2 g de grama por dia. É uma eficiência terrível. Sua capacidade de geração de energia é semelhante à do urânio ou da energia atômica. Você conseguiria voar 150 quilômetros com apenas 2 g de grama? Isso seria impossível para os seres humanos. Voar 150 quilômetros com 2 g de grama já é incrível, mas eles fazem isso enquanto produzem descendentes. Desse modo eles continuam a aumentar em número, e trilhões deles voam em enxames.

Ao mesmo tempo, uma nuvem de gafanhotos também surgiu na América do Sul, causando uma crise alimentar. As pessoas de lá estão sofrendo não apenas com a disseminação do coronavírus, mas também com a nuvem de gafanhotos.

Muitos desastres naturais semelhantes às pragas causadas pela ira de Deus, descritas no Livro do Êxodo na época de Moisés, estão ocorrendo agora. O motivo pelo qual esses desastres estão acontecendo ao mesmo tempo ainda é um segredo. Aliás, não é um segredo completo, então talvez você já tenha uma leve suspeita das possíveis razões. Talvez os fenômenos naturais sejam um aviso à humanidade que diz: "Os seres humanos estão relaxando no momento em que El Cantare desceu". Procuro ter cuidado para falar sobre isso, porque não quero soar como um deus vingativo. Algumas punições divinas ocorrerão, mas pretendo também trazer um grande movimento de salvação.

O que são a "verdadeira salvação" e a "verdadeira felicidade e infelicidade"

Quando me refiro à salvação, não estou falando da que ocorre neste mundo, pois esta é apenas temporária e não definitiva. A salvação definitiva consiste em garantir às pessoas que estão vivendo neste mundo que retornem ao Mundo Celestial depois de morrerem. Se um grande número de pessoas vive neste mundo de forma errada e vai para o Inferno após a morte, isso significa que não há salvação. Mesmo que uma pessoa fique curada de uma doença só por um ano, não significa que foi salva.

Em última instância, quero que as pessoas entendam o seguinte: os humanos são seres espirituais que têm uma alma. O Mundo Celestial, que é o Mundo Real, existe de fato; é onde vivem consciências elevadas como *bodhisattvas* e anjos, bem como seres superiores conhecidos como Deus e Buda, que estão observando o mundo terreno.

Vindos daquele mundo nós nascemos na Terra, tendo algum tipo de trabalho ou missão a cumprir. Na verdade, exercemos trabalhos práticos em diferentes profissões, tentando construir uma utopia neste mundo. Mas o que está definido é que todos nós somos iguais perante a morte e um dia todos morreremos. Este é um fato imutável. Mas a morte em si não é uma infelicidade.

Infelicidade é morrer sem fazer nada.

Infelicidade é morrer fazendo outras pessoas infelizes.

Infelicidade é morrer sem fazer outras pessoas felizes.

Infelicidade é morrer sem guiar outras pessoas para a Verdade.

Eu quero que você mude seu conceito a respeito da felicidade e da infelicidade. Por exemplo, ter uma família feliz por várias décadas em uma vida limitada na Terra é uma felicidade realmente pequena. Nascer neste mundo é muito difícil; não é fácil nascer neste planeta, crescer e ser um adulto com a ajuda dos pais e trabalhar em sociedade. Portanto, se você foi abençoado com um corpo saudável e um trabalho que causaria inveja aos outros, isso significa que você tem um grande dever a cumprir. Você precisa saber que tem o dever de guiar um grande número de pessoas à felicidade.

3
Como sobreviver à crise financeira

A felicidade no cotidiano em meio à pandemia

Durante os meses da pandemia do coronavírus, você provavelmente viu cenas que nunca tinha visto antes e experimentou coisas que nunca tinha experimentado. Mas acho que nem tudo foi ruim. Ao passar por essas dificuldades, você pode ter percebido que as coisas que considerava certas não eram, na verdade, garantidas.

Por exemplo, algumas pessoas podem achar que tinham um emprego garantido, e não gostavam de acordar todos as manhãs, usar gravata e ir para a empresa. Mas quando disseram que 80% da população deveria ficar em casa, muitos devem ter se assustado. Alguns podem ter ficado ansiosos, imaginando: "O que aconteceria se eles me dissessem que não precisam mais de mim enquanto eu estiver em casa?". Antes disso, você pode ter sentido que seu salário estava garantido, desde que fosse à empresa, ficasse sentado em sua mesa e garantisse sua posição lá. Mas agora eles podem lhe dizer: "Não precisa mais vir para o escritório. Se precisarmos de seus serviços, você pode trabalhar à distância". Então, se não precisarem de você, o que acontece? Você poderá perder o emprego.

• A Criação a Partir da Fé •

Em algumas grandes empresas japonesas, apenas os trabalhadores de meio-período estão indo para o escritório, enquanto os funcionários de tempo integral estão sendo orientados a trabalhar remotamente de casa. Você pode estar pensando que um futuro assim pode ser assustador. Quem tem cadeira cativa logicamente tem mais chance de sobreviver. Então, pensando em como vão ficar as grandes empresas, isso traz muita insegurança.

Além disso, estão também ocorrendo coisas no Japão que não imaginávamos até agora. Dizem, por exemplo: "Mantenha distância social", "Não saia de casa". "Não deixe seus filhos brincarem no parque", "Não faça compras todos os dias" ou "Não vá fazer compras com a família, como se fosse um passeio", "Faça compras apenas a cada três dias". Estão surgindo muitos comportamentos de que nunca ouvimos falar.

No passado, mencionei que a economia moderna e a democracia entrariam em colapso, e que mesmo os militares não seriam capazes de agir se isso continuasse. Se não podemos ficar em espaços fechados, não poderemos usar navios e aviões. Como o contato próximo é inevitável nas forças armadas, eles se tornam inúteis. Recentemente, houve a campanha eleitoral presidencial nos EUA, mas se as pessoas não devem se encontrar com outras, na verdade deveriam ser proibidas de fazê-la. Se as coisas continuarem como estão, a única sociedade possível no futuro será aquela na qual as pessoas só poderão entrar em contato com outras

• As Leis do Segredo •

por meio de algum dispositivo, semelhante às sociedades mostradas em alguns filmes.

Isso significa que agora temos a oportunidade de pensar e refletir. Você pode perceber, por exemplo, como é maravilhoso poder trabalhar e interagir com outras pessoas; como é bom poder deixar as crianças brincarem no parque, quão abençoado você é por poder ir trabalhar mesmo em um trem lotado, embora você possa não gostar disso; e como você é afortunado por poder receber um salário mesmo quando não está sendo produtivo. Algumas donas de casa podem ter se sentido entediadas por não terem nada de especial para fazer além de ir às compras todos os dias, mas agora percebem como era bom poder fazer compras todos os dias.

É provável que haja uma grande crise econômica

Embora o governo japonês não tenha expedido nenhuma lei que estabelecesse restrições de funcionamento, a pedido do governo muitos estabelecimentos foram fechando, sem previsão para reabrir. Quando dei uma volta pela cidade para examinar a situação, vi que alguns estabelecimentos estavam abertos; creio que precisaram de coragem para fazer isso. Certos restaurantes, cafeterias e lojas estavam abertos, mas conduziam seus negócios timidamente, com medo de serem acusados por abrir suas portas. Se você trabalhar, pode levar uma bronca. São tempos assustadores.

• A Criação a Partir da Fé •

O governo japonês orienta as pessoas a não trabalharem, mas quando questionado sobre o que fazer, ele apenas diz à população: "Vamos pensar em algumas medidas mais tarde". Afirma também que vai dar dinheiro, mas não adianta deixar o comércio fechado e viver só desse dinheiro. Com certeza, desse jeito muitos negócios vão fechar e os empregos vão acabar. Já estão surgindo muitos desempregados.

Mas o verdadeiro desastre ainda está por vir. Hoje, não se pode viajar livremente pelo mundo e, na prática, diversas atividades estão paralisadas. Creio que uma grande depressão econômica está a caminho.

No dia anterior à palestra que realizei na cidade de Utsunomiya, fiz uma baldeação de trem-bala em Ōmiya para chegar ao templo-sede Sohonsan Shoshinkan. Enquanto caminhava pela plataforma da estação Ōmiya, vi três quiosques parecidos com lojas de conveniência. Dois deles estavam fechados com um aviso que dizia: "Devido às ordens de restrição, estamos fechados desde 14 de março". Isso significa que eles já estavam fechados havia quatro meses. O quiosque do meio parecia estar funcionando, mas só abria das 7 horas às 13 horas. Então, como passei por ali depois das 13h30, todos os quiosques da plataforma estavam fechados.

É assim que as coisas estavam no quarto mês desde que a ordem de restrição de funcionamento foi estabelecida. Podemos imaginar o que vai acontecer se continuar como está. A situação talvez não volte mais ao que era antes.

• As Leis do Segredo •

Isso me deixou preocupado com o que poderia acontecer se empresas como a Japan Railways ou as principais companhias aéreas falissem depois de criar um déficit de dezenas ou centenas de bilhões de dólares. Se as grandes lojas de departamento ficarem fechadas por muito tempo, elas não vão sobreviver sem vender nada. Receber um auxílio do governo nacional ou local não será suficiente para retomar os negócios, e com certeza haverá muitas demissões.

Quanto à Happy Science, sinto muitíssimo, mas não atendemos ao pedido do governo nacional ou local e continuamos trabalhando normalmente desde março. Mesmo durante as recomendações de não realizar aglomerações, estamos trabalhando. Nossa Matriz Geral está aberta como de costume. Eu também tenho trabalhado um pouco mais do que o normal. No nosso caso, geralmente fazemos o oposto do que as pessoas acreditam ser o bom senso.

O importante é retornar a um sistema no qual as pessoas possam trabalhar

Na maioria dos casos, quando todos estão indo com ímpeto numa direção, muitas vezes a situação já terminou. Seria preciso pensar nas próximas etapas, mas as pessoas estão atrasadas para agir. Por exemplo, no Japão, o governo concedeu um auxílio de mil dólares por pessoa física e 3 mil, 5 mil ou 10 mil para certas empresas. Algumas pessoas já receberam o dinheiro, enquanto outras ainda estão esperando uma resposta para o seu pedido. Mas, em vez de distribuir dinheiro, é muito mais importante criar um clima entre as pessoas para pensar em formas de restaurar o sistema para que elas possam trabalhar. As pessoas estão sendo derrotadas pelo medo e sinto que são fracas contra o desconhecido.

Desde a primavera passada (no hemisfério Norte), quase todos os casamentos foram cancelados ou adiados no Japão. Mas se os eventos continuarem sendo adiados, todas as empresas correlatas serão bem prejudicadas. Não há necessidade de se preocupar com vírus que são invisíveis a olho nu, e as pessoas devem avançar com vários eventos, como casamentos.

No calendário budista, há dias de sorte e dias de azar. Os casamentos devem ser realizados não apenas nos dias de sorte como também nos dias de azar, porque o último também é um dia maravilhoso, quando o Buda Shakyamuni retornou ao Mundo Celestial. Portanto, as pessoas devem realizar eventos sem preocupações.

Quando todo o mundo segue numa direção, você precisa parar por um instante. Na maioria dos casos, o oposto do que está acontecendo na sociedade é a maneira espiritual de pensar. É importante notar que a maneira de pensar de Deus e Buda muitas vezes é o oposto do que a sociedade está pensando.

Mesmo que você receba um subsídio, ele não terá muita utilidade agora. As coisas estão lentamente começando a reabrir no Japão, mas o governo ainda nos pede para não ir às compras, não viajar muito. Também não daria para ir para o exterior.

Algumas pessoas usaram grande parte do dinheiro da aposentadoria para embarcar em um navio de cruzeiro, pensando que seria sua última chance de fazê-lo, mas acabaram ficando presas dentro do navio, como em uma gaiola, em isolamento. E não puderam escapar de serem infectadas pelo vírus. É um mundo realmente assustador. Portanto, mesmo que você receba dinheiro agora, não há muito uso para ele.

Além disso, há pessoas que têm dinheiro suficiente ou cujo salário não foi reduzido. Os funcionários públicos japoneses não tiveram redução de salário, mas, como estão consumindo menos, estão investindo seu dinheiro comprando ações. Em consequência, as ações e o ouro estão em alta.

As pessoas estão investindo em várias coisas, mas em termos realistas há algo errado. Olhando a conjuntura mundial, é quase certo que uma grande depressão se aproxima. Mesmo assim, as pessoas estão comprando ações avidamente. Posteriormente, podem virar meros papéis, mas elas continuam comprando. Claro, pode ser que elas consigam obter um pouco de lucro. Se comprá-las e vendê-las rapidamente, talvez consigam certo ganho, mas, falando de forma objetiva, a grande depressão é iminente, então comprar ações é uma tolice.

Por outro lado, no Japão a poupança quase não rende juros, e algumas pessoas alertam que as contas bancárias podem ser bloqueadas, e ainda existe o medo de a poupança sumir. Isso realmente aconteceu uma vez no final da década de 1990. Os japoneses tiveram medo que o dinheiro desaparecesse de suas contas bancárias durante a crise financeira do final dos anos 1990.

Não há outro remédio a não ser trabalhar corretamente

Esta é uma batalha. A "cura" definitiva é ser corajoso e voltar a trabalhar corretamente. Não há outra opção. Não adianta ficar só distribuindo pedaços de papel. Distribuir dinheiro não vai resolver a situação.

No Japão, de acordo com o Artigo 5º da Lei de Finanças Públicas, o Banco do Japão não deve comprar títulos diretamente do governo. Mas há uma cláusula de exceção: em caso de circunstâncias especiais, essa lei pode ser anulada. Portanto, nas atuais circunstâncias o Banco do Japão está comprando diretamente muitos títulos do governo que outros bancos não podem comprar.

O que isso significa? O Banco do Japão produz notas de 10 mil ienes (cerca de 100 dólares) a um custo de 20 a 25 centavos cada e as distribui como dinheiro no valor de 10 mil ienes. Ele também está adquirindo diretamente títulos emitidos pelo governo, que tem dívidas de até 11 a

12 trilhões de dólares. Isso significa que o Banco do Japão também estará "condenado" se esses títulos se transformarem em pedaços de papel sem valor. Essa possibilidade está aumentando cada vez mais. Mas, se isso realmente acontecer, haverá um grande problema do ponto de vista macroeconômico.

O que permanece intocado agora são as poupanças pessoais e os lucros retidos das empresas. Então, receio que o governo esteja de olho nesse montante e vá querer tomá-lo, aumentando os impostos. Embora os cidadãos japoneses possam estar recebendo alegremente o dinheiro espalhado pelo governo agora, eles terão de suportar o aumento de impostos que está por vir.

A importância de reconhecer sua própria missão

No final das contas, essas medidas por si sós não são suficientes para continuar a luta até o fim. Devemos rapidamente voltar ao ritmo normal de trabalho. Isso significa que devemos superar nossos medos e lutar. Precisamos voltar ao ponto de partida. Desde antigamente, sempre existiram doenças, acidentes, catástrofes e desastres naturais, chuvas torrenciais, enchentes, tsunamis, terremotos, incêndios. Enfim, todos eles sempre existiram e devemos aprender a conviver com eles. Não importa se o monte Fuji entra em erupção ou não, o ser humano precisa continuar com suas atividades.

• A Criação a Partir da Fé •

Portanto, não fique sentado à espera de um remédio especial. Em vez disso, mude seu estilo de vida para que você possa viver todos os dias ao máximo, orando a Deus e Buda e, ao fazê-lo, concentrando sua energia em trabalhos que contribuam positivamente para a sociedade e na construção de um futuro de felicidade em sua vida após a morte. Isso é essencial.

Por mais que você se empenhe, um dia terá que deixar este mundo. Portanto, assim como sugerem as letras das canções do filme *Twiceborn – Acreditando no Amanhecer*, "eu devo seguir sozinho", devemos ir sozinhos; mesmo que torne o mundo seu inimigo, tem deveres a cumprir. É importante que você perceba qual é a sua missão. Deve haver algo que o faça sentir: "Eu nasci para fazer isso nesta vida". Todos devem encontrar esse "algo" e estar determinados a cumpri-lo.

4
Estabeleça um pilar de fé e concretize um futuro próspero

Gyōki, Kūkai e Nichiren lutaram com fé e o poder dármico

O tema deste capítulo, "A criação a partir da fé", é extremamente difícil. Um dos problemas atuais é que, embora existam crenças religiosas em muitos países desenvolvidos, o conteúdo de suas religiões ou de suas crenças está se tornando muito superficial.

Quando se trata do Japão, nem se sabe mais se as pessoas têm fé ou não. O país está à deriva, e parece que poderia facilmente se tornar semelhante à Coreia do Norte ou à China. Então, precisamos estabelecer um pilar firme de fé. Se desde a Era Meiji (1868-1912) o Japão não tem sido bom o suficiente, devemos estabelecer uma religião com uma fé ainda mais forte, séria e verdadeira. Com base nisso, é importante mostrar claramente a maneira correta como os seres humanos devem viver, trabalhar e construir relacionamentos com outras pessoas.

Quando ocorreram diversas epidemias durante a Era Nara (710-794) no Japão, o monge budista Gyōki (668-749) construiu a Grande Estátua de Buda de Nara. Dizem que a construção custou o dobro do orçamento nacional na época – cerca de 2 trilhões de dólares hoje. Ele foi capaz de angariar essa enorme quantia. Isso significa que os monges budistas tinham muitas virtudes naquela época.

Como o governo da época não conseguiria arrecadar uma quantia tão grande de dinheiro, eles pediram a Gyōki que se encarregasse do empreendimento: arrecadação, organograma e pedido de contribuição a muitas pessoas.

Quando jovem, o monge Gyōki sofreu perseguição do governo, mas nos últimos anos de sua vida ganhou uma boa reputação; foi por isso que o governo da época o procurou para construir a Grande Estátua de Buda. Logo depois que a estátua ficou pronta, dizem que diversas epidemias desapareceram.

Outro monge budista conhecido foi Kūkai (774-835). Quando proferi a palestra que deu origem a este capítulo, estávamos no meio das gravações do filme *Bela Sedução – Um Conto Moderno da 'Pele Pintada'*[30], uma história relacionada a esse monge.

Durante o tempo em que Kūkai estava vivo, houve uma grande nuvem de gafanhotos no Japão que devoraram grãos e cereais, provocando uma enorme crise e arruinando as safras. Então, Kūkai foi procurado para combater os gafanhotos. Ele construiu um altar oficial do budismo

---

30 *Beautiful Lure – A Modern Tale of 'Painted Skin'* (em tradução livre, "Bela Sedução – Um Conto Moderno da 'Pele Pintada'"), produtor executivo Ryuho Okawa, com previsão de lançamento em 2021. (N. do A.)

esotérico, sentou-se sobre o espaço construído e orou. No dia seguinte, todos os gafanhotos haviam desaparecido. Este evento foi documentado na história. O fato de os gafanhotos desaparecerem por completo em um dia mostra que mesmo o fundador de uma ramificação do budismo tinha poder suficiente para eliminar uma grande nuvem de gafanhotos.

O monge budista Nichiren (1222-1282) é outro exemplo. Quando o povo sofria por causa da seca, ele fazia chover realizando rituais e orações para a chuva. No passado essas eram todas tarefas dos monges. Eles eram capazes de trazer chuva ou de fazê-la parar; podiam até mesmo fazer uma nuvem de gafanhotos desaparecer.

Na verdade, a religião possui um poder muito mais forte do que você pensa. Numa época em que as pessoas têm uma fé forte, alguém com o poder dármico aparecerá. Essa pessoa recebe força para lutar contra diversas barreiras.

O advento de El Cantare deve ser anunciado a todo o mundo

Por favor, procure divulgar para o mundo todo a chegada de El Cantare. Se mais e mais pessoas no mundo souberem deste fato enquanto estiverem vivas, o mundo se tornará um lugar muito melhor. No mínimo, eu gostaria de acabar com todas as guerras que surgem devido a conflitos religiosos e acredito que conseguiremos dissipar muitas doenças desconhecidas e desastres naturais.

Muitas pessoas acreditam que as fortes chuvas e as nuvens de gafanhoto de grandes proporções talvez tenham sido causadas pelo aquecimento global, mas estão enganadas. A Terra era normalmente muito mais quente no passado, mas nenhum desses fenômenos ocorreu na ocasião. Eles não acontecerão mesmo se as temperaturas da Terra subirem 3 ou 4 graus, então não há necessidade de se preocupar. A Terra passou por períodos muito mais quentes e também muito mais frios. A humanidade já viveu numa época em que a lava ainda fluía, e nós também já vivemos no período glacial. Você pode pensar que é impossível para os humanos sobreviverem à Idade do Gelo, mas tivemos a sabedoria de sobreviver nessa época. É por isso que a humanidade continua a sobreviver até hoje. Então, aconteça o que acontecer, tenha fé em Deus e supere qualquer época de adversidades.

Crie uma "futura utopia" colocando a fé em primeiro lugar

Nossa alma tem vivido por muito mais tempo do que você pode imaginar. Sua alma é essencialmente uma Luz que se ramificou de Deus e Buda nos primórdios. Esta é uma verdade fundamental. Embora sua alma possa ser apenas um pequeno pedaço da Luz de Deus, este pedaço de Luz pode exercer grande poder se for polido. Por admitir essa Verdade, eu ainda apoio a democracia em vez de rejeitá-la.

Em outras palavras, se você polir sua natureza búdica com a consciência de ser filho de Deus ou Buda, ela certamente florescerá e você será capaz de atingir um certo nível de iluminação. Este é o mesmo princípio da democracia.

Portanto, se cada um estiver consciente de sua natureza búdica, analisar sempre se está agindo da maneira correta segundo a Vontade de Deus e conduzir as atividades esforçando-se para construir uma boa política neste mundo, poderemos criar uma utopia futura e sistemas políticos e econômicos do futuro.

Mas, para que isso aconteça, devemos colocar a fé em primeiro lugar e acreditar firmemente em Deus. Tudo deve começar pela fé. Somente quando há supremacia da fé pode haver prosperidade política, prosperidade econômica, avanço na ciência e na tecnologia e prosperidade cultural centrada na religião. Não devemos nos desviar desse eixo central.

Atualmente, quase não existem políticos ou partidos políticos falando sobre isso. Aqueles que fazem negócios com base em princípios econômicos só pensam em termos de lucratividade. Desse jeito, não há como distinguir se um dinheiro é limpo ou sujo na economia moderna. Por esse motivo, algumas pessoas pensam que podem fazer o que quiserem, desde que não seja considerado crime. Mas estão enganadas, pois com certeza existe o dinheiro bom e o dinheiro ruim. O dinheiro bom é aquele que foi ganho trabalhando duro para promover a utopia neste mundo. É assim que eu gostaria que você trabalhasse.

Certas pessoas têm problema de mobilidade por causa da idade e outras não podem trabalhar devido a uma deficiência ou doença, por isso também é importante, e é uma obrigação, estender a mão para ajudar essas pessoas. No entanto, se você tem um corpo e uma mente saudáveis, tente ser mais diligente e esteja determinado a dizer: "Vou trazer a glória de Deus à Terra. Vou ter ainda mais sucesso e fazer este mundo brilhar ainda mais". Embora ajudar pessoas desprivilegiadas com esses pensamentos virtuosos seja importante, não é possível que todos parem de trabalhar e vivam somente recebendo auxílio do governo. Considere que isso não é possível.

Você pode permanecer jovem, desde que mantenha seus ideais

Mesmo que você se aposente do trabalho depois de atingir uma certa idade, isso não significa que seu trabalho neste mundo tenha terminado no sentido mais verdadeiro. Dedicar uma oração é também um tipo de trabalho, assim como dar conselhos a outras pessoas. Mesmo que tenha chegado aos 90 anos, você pode dar conselhos aos jovens. Se for sobre um assunto religioso, há muitas orientações que você pode dar.

O trabalho que gera lucro não é o único que existe. Mesmo que você não possa mais ganhar dinheiro, ainda há trabalhos a fazer. Saiba que ainda há potencial para que seu trabalho se desenvolva e se expanda ainda mais de acordo com sua idade.

Quanto a mim, se eu trabalhasse numa empresa normal, já teria me aposentado. Mas examinando meu rosto, pareço ter uns 40 anos. Então, eu poderia dizer: "Não me julguem pela idade física!". Se você continuar a receber a Luz de Deus vinda do Mundo Celestial como um "combustível", você terá juventude eterna e poderá continuar trabalhando. As pessoas envelhecem quando perdem o ideal. Você pode permanecer jovem, desde que mantenha seus ideais.

Já dei quase 3.200 palestras, mas vou continuar ainda, muito mais. Então, por favor me siga.

Não desejo que só os jovens fiquem comigo e que as pessoas com mais de 60 anos vão embora. Aos proprietários de empresas *Daikokuten* (Anjos de Riqueza), que apoiam a Happy Science, eu gostaria de dizer para não desistirem, mesmo com ataque de vírus, problema de enchentes ou de gafanhotos.

Por favor, seja decidido e pense: "Eu prosperarei mesmo que o mundo todo se torne meu inimigo".

A Happy Science tem um potencial muito maior do que isso. No momento, dificilmente podemos dizer que estamos na metade do caminho para o nosso destino. Não posso morrer ainda enquanto estivermos nesse nível. Devemos ser dez vezes, cem vezes maiores do que somos agora. No Japão, a Happy Science pode ficar lembrada como a religião que mais cresceu depois da Segunda Guerra Mundial, mas nada além. Precisamos ficar conhecidos mundialmente.

Seja uma pessoa que dá esperança e coragem aos outros

Um dia antes de proferir a palestra referente a este capítulo, assisti a um filme chamado *A Luta pela Esperança*[31], que vi mais de uma vez. Trata-se da história de um boxeador que viveu a Grande Depressão de 1929 em Nova York. Ele perde o emprego, mas se recupera e se torna um campeão mundial.

Assim como no filme, precisamos ter esperança. Precisamos de pessoas que encorajem os outros. Mesmo que venha uma depressão mundial, é necessário que haja alguém capaz de dar esperança e coragem aos outros naquele momento.

Quando há alguém que está trabalhando duro ou uma empresa está se esforçando para sobreviver, os outros também podem recuperar a esperança e a coragem e se erguer novamente. Então, assim como o personagem principal do filme, que treinou sua mão esquerda depois de quebrar a direita e usou seus socos de esquerda para recuperar o cinturão de campeão, é importante ter resiliência.

---

31 Título original *Cinderella Man*, filme americano de 2005 dirigido por Ron Howard. (N. do E.),

Não use o ambiente em que está ou suas condições atuais como desculpa; em vez disso, vamos construir um novo poder e usá-lo para liderar o mundo.

Eu digo para todas as pessoas do mundo: as atividades da Happy Science estão concentradas no Japão agora, por isso, obviamente o país precisa se tornar uma nação mais forte. Mas eu gostaria que outros países, como os EUA, sobrevivam e não deixem a pandemia do coronavírus atrasá--los ou fazer com que percam o ímpeto.

Além disso, apesar de ter criticado a China recentemente, quanto à batalha entre Hong Kong e China, não penso que 7 milhões de pessoas de Hong Kong devam viver enquanto o 1,4 bilhão de chineses devam morrer. Estamos apenas tentando encorajá-los a pensar sobre qual estilo de vida faz as pessoas felizes e a escolher esse estilo de vida.

Nós criticamos a China agora, mas apenas como um recurso temporário para orientá-la. Gostaríamos de levar a China e todos os outros países ao desenvolvimento e à prosperidade. Então, por favor, não se esqueça do seu amor pela humanidade.

Que você tenha mais poder! Mais luz!

E mais prosperidade!

Se o Deus em que você acredita é o Deus verdadeiro, o futuro de prosperidade se abrirá diante de você. Do fundo do meu coração, oro para que isso se torne realidade.

Posfácio

Uma das características especiais deste livro é revelar a Verdade de que coexistimos com influências espirituais enquanto vivemos neste mundo. Se vivermos sem perceber este fato, será como se estivéssemos andando pela sala com óculos escuros.

Havia uma mulher que perdeu um pouco de cabelo e depois ficou com diversas áreas arredondadas sem cabelo no couro cabeludo, depois de se tornar alvo de inveja de outra mulher. Mas quando identifiquei o *ikiryō* (espírito de uma pessoa viva) que a estava possuindo e ordenei que fosse embora, em um ou dois meses os cabelos voltaram a crescer. Isso pode soar como uma história da Era Heian[32], mas é simplesmente porque as pessoas de hoje se esqueceram da Verdade Búdica.

Este livro descreve maneiras de derrotar os demônios e também repelir os vírus. Também revela o poder místico de Deus e o poder miraculoso da fé. Eu acredito que as pessoas hoje precisam reaprender esta Verdade como um novo estudo acadêmico.

---

[32] A Era Heian (794-1185) foi o período da história japonesa no qual o budismo, o taoismo e outras influências chinesas atingiram seu ápice. Nessa era, os Onmyōjis (mestres Yin-Yang) eram ativos em dissipar espíritos maldosos. (N. do A.)

• As Leis do Segredo •

 Este é um livro que, definitivamente, irá transformar sua vida.

Ryuho Okawa
Fundador e CEO do Grupo Happy Science
Dezembro de 2020

Sobre o autor

Ryuho Okawa nasceu em 7 de julho de 1956, em Tokushima, Japão. Após graduar-se na Universidade de Tóquio, juntou-se a uma empresa mercantil com sede em Tóquio. Enquanto trabalhava na filial de Nova York, estudou Finanças Internacionais no Graduate Center of the City University of New York.

Em 23 de março de 1981, alcançou a Grande Iluminação e despertou para Sua consciência central, El Cantare – cuja missão é trazer felicidade para a humanidade – e fundou a Happy Science em 1986.

Atualmente, a Happy Science expandiu-se para mais de 160 países, com mais de 700 templos locais e 10 mil casas missionárias ao redor do mundo. O mestre Ryuho Okawa realizou mais de 3.300 palestras, sendo mais de 150 em inglês. Ele possui mais de 2.800 livros publicados – traduzidos para mais de 31 línguas –, muitos dos quais alcançaram a casa dos milhões de exemplares vendidos, inclusive *As Leis do Sol*.

Ele compôs mais de 450 músicas, inclusive músicas-tema de filmes, e é também o fundador da Happy Science University, da Happy Science Academy (ensino secundário), do Partido da Realização da Felicidade, fundador e diretor honorário do Instituto Happy Science de Governo e Gestão, fundador da Editora IRH Press e presidente da New Star Production Co. Ltd. (estúdio cinematográfico) e ARI Production Co. Ltd.

• Sobre o Autor •

Grandes conferências transmitidas para o mundo todo

As grandes conferências do mestre Ryuho Okawa são transmitidas ao vivo para várias partes do mundo. Em cada uma delas, ele transmite, na posição de Mestre do Mundo, desde ensinamentos sobre o coração para termos uma vida feliz até diretrizes para a política e a economia internacional e as numerosas questões globais – como os confrontos religiosos e os conflitos que ocorrem em diversas partes do planeta –, para que o mundo possa concretizar um futuro de prosperidade ainda maior.

17/12/2019: "Rumo à Era da Nova Prosperidade"
Saitama Super Arena

6/10/2019: "A Razão pela qual Estamos Aqui"
The Westin Harbour Castle, Toronto

3/3/2019: "O Amor Supera o Ódio"
Grand Hyatt Taipei

• As Leis do Segredo •

Mais de 2.800 livros publicados

As obras do mestre Ryuho Okawa foram traduzidas para 31 línguas e vêm sendo cada vez mais lidas no mundo inteiro. Em 2010, ele recebeu menção no livro *Guinness World Records* por ter publicado 52 títulos em um ano. Ao longo de 2013, publicou 106 livros. Em fevereiro de 2021, o número de livros lançados pelo mestre Okawa passou de 2.800.

Entre eles, há também muitas mensagens de espíritos de grandes figuras históricas e de espíritos guardiões de importantes personalidades que vivem no mundo atual.

Sobre a Happy Science

A Happy Science é um movimento global que capacita as pessoas a encontrar um propósito de vida e felicidade espiritual, e a compartilhar essa felicidade com a família, a sociedade e o planeta. Com mais de 12 milhões de membros em todo o globo, ela visa aumentar a consciência das verdades espirituais e expandir nossa capacidade de amor, compaixão e alegria, para que juntos possamos criar o tipo de mundo no qual todos desejamos viver. Seus ensinamentos baseiam-se nos Princípios da Felicidade – Amor, Conhecimento, Reflexão e Desenvolvimento –, que abraçam filosofias e crenças mundiais, transcendendo as fronteiras da cultura e das religiões.

O **amor** nos ensina a dar livremente sem esperar nada em troca; amar significa dar, nutrir e perdoar.

O **conhecimento** nos leva às ideias das verdades espirituais e nos abre para o verdadeiro significado da vida e da vontade de Deus – o universo, o poder mais alto, Buda.

A **reflexão** propicia uma atenção consciente, sem o julgamento de nossos pensamentos e ações, a fim de nos ajudar a encontrar o nosso eu verdadeiro – a essência de nossa alma – e aprofundar nossa conexão com o poder mais alto. Isso nos permite alcançar uma mente limpa e pacífica e nos leva ao caminho certo da vida.

O **desenvolvimento** enfatiza os aspectos positivos e dinâmicos do nosso crescimento espiritual: ações que podemos adotar para manifestar e espalhar a felicidade pelo planeta. É um caminho que não apenas expande o crescimento de nossa alma, como também promove o potencial coletivo do mundo em que vivemos.

Programas e Eventos

Os templos locais da Happy Science oferecem regularmente eventos, programas e seminários. Junte-se às nossas sessões de meditação, assista às nossas palestras, participe dos grupos de estudo, seminários e eventos literários. Nossos programas ajudarão você a:
- aprofundar sua compreensão do propósito e significado da vida;
- melhorar seus relacionamentos conforme você aprende a amar incondicionalmente;
- aprender a tranquilizar a mente mesmo em dias estressantes, pela prática da contemplação e da meditação;
- aprender a superar os desafios da vida e muito mais.

Contatos

A Happy Science é uma organização mundial, com centros de fé espalhados pelo globo. Para ver a lista completa dos centros, visite a página happy-science.org (em inglês). A seguir encontram-se alguns dos endereços da Happy Science:

BRASIL

São Paulo (MATRIZ)
Rua Domingos de Morais 1154,
Vila Mariana, São Paulo, SP
CEP 04010-100, Brasil
Tel.: 55-11-5088-3800
E-mail: sp@happy-science.org
Website: happyscience.com.br

São Paulo (ZONA SUL)
Rua Domingos de Morais 1154,
Vila Mariana, São Paulo, SP
CEP 04010-100, Brasil
Tel.: 55-11-5088-3800
E-mail: sp_sul@happy-science.org

São Paulo (ZONA LESTE)
Rua Fernão Tavares 124,
Tatuapé, São Paulo, SP
CEP 03306-030, Brasil
Tel.: 55-11-2295-8500
E-mail: sp_leste@happy-science.org

São Paulo (ZONA OESTE)
Rua Rio Azul 194,
Vila Sônia, São Paulo, SP
CEP 05519-120, Brasil
Tel.: 55-11-3061-5400
E-mail: sp_oeste@happy-science.org

Campinas
Rua Joana de Gusmão 108,
Jd. Guanabara, Campinas, SP
CEP 13073-370, Brasil
Tel.: 55-19-4101-5559

Capão Bonito
Rua Benjamin Constant 225,
Centro, Capão Bonito, SP
CEP 18300-322, Brasil
Tel.: 55-15-3543-2010

Jundiaí
Rua Congo 447,
Jd. Bonfiglioli, Jundiaí, SP
CEP 13207-340, Brasil
Tel.: 55-11-4587-5952
E-mail: jundiai@happy-science.org

Londrina
Rua Piauí 399, 1º andar, sala 103,
Centro, Londrina, PR
CEP 86010-420, Brasil
Tel.: 55-43-3322-9073

• AS LEIS DO SEGREDO •

Santos / São Vicente
Tel.: 55-13-99158-4589
E-mail: santos@happy-science.org

Sorocaba
Rua Dr. Álvaro Soares 195, sala 3,
Centro, Sorocaba, SP
CEP 18010-190, Brasil
Tel.: 55-15-3359-1601
E-mail: sorocaba@happy-science.org

Rio de Janeiro
Rua Barão do Flamengo 32, 10º andar,
Flamengo, Rio de Janeiro, RJ
CEP 22220-080, Brasil
Tel.: 55-21-3486-6987
E-mail: riodejaneiro@happy-science.org

ESTADOS UNIDOS E CANADÁ

Nova York
79 Franklin St.,
Nova York, NY 10013
Tel.: 1-212-343-7972
Fax: 1-212-343-7973
E-mail: ny@happy-science.org
Website: happyscience-na.org

Los Angeles
1590 E. Del Mar Blvd.,
Pasadena, CA 91106
Tel.: 1-626-395-7775
Fax: 1-626-395-7776
E-mail: la@happy-science.org
Website: happyscience-na.org

San Francisco
525 Clinton St.,
Redwood City, CA 94062
Tel./Fax: 1-650-363-2777
E-mail: sf@happy-science.org
Website: happyscience-na.org

Havaí – Honolulu
Tel.: 1-808-591-9772
Fax: 1-808-591-9776
E-mail: hi@happy-science.org
Website: happyscience-na.org

Havaí – Kauai
4504 Kukui Street.,
Dragon Building Suite 21,
Kapaa, HI 96746
Tel.: 1-808-822-7007
Fax: 1-808-822-6007
E-mail: kauai-hi@happy-science.org
Website: happyscience-na.org

Flórida
5208 8thSt., Zephyrhills,
Flórida 33542
Tel.: 1-813-715-0000
Fax: 1-813-715-0010
E-mail: florida@happy-science.org
Website: happyscience-na.org

Toronto (Canadá)
845 The Queensway Etobicoke,
ON M8Z 1N6, Canadá
Tel.: 1-416-901-3747
E-mail: toronto@happy-science.org
Website: happy-science.ca

• Contatos •

INTERNACIONAL

Tóquio
1-6-7 Togoshi, Shinagawa
Tóquio, 142-0041, Japão
Tel.: 81-3-6384-5770
Fax: 81-3-6384-5776
E-mail: tokyo@happy-science.org
Website: happy-science.org

Londres
3 Margaret St.,
Londres, W1W 8RE, Reino Unido
Tel.: 44-20-7323-9255
Fax: 44-20-7323-9344
E-mail: eu@happy-science.org
Website: happyscience-uk.org

Sydney
516 Pacific Hwy, Lane Cove North,
NSW 2066, Austrália
Tel.: 61-2-9411-2877
Fax: 61-2-9411-2822
E-mail: sydney@happy-science.org
Website: happyscience.org.au

Nepal
Kathmandu Metropolitan City
Ward Nº 15, Ring Road, Kimdol,
Sitapaila Kathmandu, Nepal
Tel.: 977-1-427-2931
E-mail: nepal@happy-science.org

Uganda
Plot 877 Rubaga Road, Kampala
P.O. Box 34130, Kampala, Uganda
Tel.: 256-79-3238-002
E-mail: uganda@happy-science.org

Tailândia
19 Soi Sukhumvit 60/1,
Bang Chak, Phra Khanong,
Bancoc, 10260, Tailândia
Tel.: 66-2-007-1419
E-mail: bangkok@happy-science.org
Website: happyscience-thai.org

França
56-60 rue Fondary 75015
Paris, França
Tel.: 33-9-50-40-11-10
Website: www.happyscience-fr.org

Alemanha
Rheinstr. 63, 12159
Berlim, Alemanha
Tel.: 49-30-7895-7477
E-mail: kontakt@happy-science.de

Filipinas Taytay
LGL Bldg, 2nd Floor,
Kadalagaham cor,
Rizal Ave. Taytay,
Rizal, Filipinas
Tel.: 63-2-5710686
E-mail: philippines@happy-science.org

Seul
74, Sadang-ro 27-gil,
Dongjak-gu, Seoul, Coreia do Sul
Tel.: 82-2-3478-8777
Fax: 82-2- 3478-9777
E-mail: korea@happy-science.org

Taipé
Nº 89, Lane 155, Dunhua N. Road.,
Songshan District, Cidade de Taipé 105,
Taiwan
Tel.: 886-2-2719-9377
Fax: 886-2-2719-5570
E-mail: taiwan@happy-science.org

Malásia
Nº 22A, Block 2, Jalil Link Jalan Jalil
Jaya 2, Bukit Jalil 57000, Kuala Lumpur,
Malásia
Tel.: 60-3-8998-7877
Fax: 60-3-8998-7977
E-mail: malaysia@happy-science.org
Website: happyscience.org.my

Filmes da Happy Science

O mestre Okawa é criador e produtor executivo de 23 filmes, que receberam vários prêmios e reconhecimento ao redor do mundo. Dentre eles:

- As Terríveis Revelações de Nostradamus (1994)
- Hermes – Ventos do Amor (1997)
- As Leis do Sol (2000)
- As Leis Douradas (2003)
- As Leis da Eternidade (2006)
- O Renascimento de Buda (2009)
- As Leis Místicas (2012)
- As Leis do Universo – Parte 0 (2015)
- Confortando o Coração – documentário (2018)
- As Leis do Universo – Parte I (2018)
- A Última Feiticeira do Amor (2019)
- Vidas que se Iluminam – documentário (2019)
- Herói Imortal (2019)
- A Verdadeira Exorcista (2020)
- Vivendo na Era dos Milagres – documentário (2020)
- Twiceborn – Acreditando no Amanhecer (2020)
- Bela Sedução – Um Conto Moderno da "Pele Pintada" (2021)

As Leis do Sol

Bela Sedução – Um Conto Moderno da "Pele Pintada"

Outros livros de Ryuho Okawa

SÉRIE LEIS

As Leis do Sol – *A Gênese e o Plano de Deus*
IRH Press do Brasil

Ao compreender as leis naturais que regem o universo e desenvolver sabedoria pela reflexão com base nos Oito Corretos Caminhos, o autor mostra como acelerar nosso processo de desenvolvimento e ascensão espiritual. Edição revista e ampliada.

As Leis de Aço
Viva com Resiliência, Confiança e Prosperidade
IRH Press do Brasil

A palavra "aço" refere-se à nossa verdadeira força e resiliência como filhos de Deus. Temos o poder interior de manifestar felicidade e prosperidade, e superar qualquer mal ou conflito que atrapalhe a próxima Era de Ouro.

As Leis do Sucesso – *Um Guia Espiritual para Transformar suas Esperanças em Realidade*
IRH Press do Brasil

O autor mostra quais são as posturas mentais e atitudes que irão empoderá-lo, inspirando-o para que possa vencer obstáculos e viver cada dia de maneira positiva e com sentido. Aqui está a chave para um novo futuro, cheio de esperança, coragem e felicidade!

As Leis de Bronze
Desperte para sua origem e viva pelo amor
IRH Press do Brasil

Okawa nos encoraja a encontrar o amor de Deus dentro de cada um e a conhecer a Verdade universal. Com ela, é possível construir a fé, que é altruísta e forte como as portas de bronze das seculares igrejas cristãs europeias, que protegem nossa felicidade espiritual de quaisquer dificuldades.

As Leis da Fé
Um Mundo Além das Diferenças
IRH Press do Brasil

Sem Deus é impossível haver elevação do caráter e da moral do ser humano. As pessoas são capazes de nutrir sentimentos sublimes quando creem em algo maior do que elas mesmas. Eis aqui a chave para aceitar a diversidade, harmonizar os indivíduos e as nações e criar um mundo de paz e prosperidade.

As Leis da Missão
Desperte Agora para as Verdades Espirituais
IRH Press do Brasil

O autor afirma: "Agora é a hora". Quando a humanidade está se debatendo no mais profundo sofrimento, é nesse momento que Deus está mais presente. Estas também são as leis da salvação, do amor, do perdão e da verdade. Construa um túnel para perfurar a montanha da teoria.

• Outros Livros de Ryuho Okawa •

As Leis da Invencibilidade – *Como Desenvolver uma Mente Estratégica e Gerencial*
IRH Press do Brasil

Okawa afirma: "Desejo fervorosamente que todos alcancem a verdadeira felicidade neste mundo e que ela persista na vida após a morte. Um intenso sentimento meu está contido na palavra 'invencibilidade'. Espero que este livro dê coragem e sabedoria àqueles que o leem hoje e às gerações futuras".

As Leis da Justiça – *Como Resolver os Conflitos Mundiais e Alcançar a Paz*
IRH Press do Brasil

Neste livro, o autor assumiu o desafio de colocar as revelações de Deus como um tema de estudo acadêmico. Buscou formular uma imagem de como a justiça deveria ser neste mundo, vista da perspectiva de Deus ou de Buda. Alguns de seus leitores sentirão nestas palavras a presença de Deus no nível global.

As Leis da Sabedoria
Faça Seu Diamante Interior Brilhar
IRH Press do Brasil

A única coisa que o ser humano leva consigo para o outro mundo após a morte é seu *coração*. E dentro dele reside a *sabedoria*, a parte que preserva o brilho de um diamante. O mais importante é jogar um raio de luz sobre seu modo de vida e produzir magníficos cristais durante sua preciosa passagem pela Terra.

• As Leis do Segredo •

As Leis da Perseverança – *Como Romper os Dogmas da Sociedade e Superar as Fases Difíceis da Vida*
IRH Press do Brasil

Você pode mudar sua forma de pensar e vencer os obstáculos da vida apoiando-se numa força especial: a perseverança. O autor compartilha seus segredos no uso da perseverança e do esforço para fortalecer sua mente, superar suas limitações e resistir ao longo do caminho que o levará a uma vitória infalível.

As Leis do Futuro
Os Sinais da Nova Era
IRH Press do Brasil

O futuro está em suas mãos. O destino não é algo imutável e pode ser alterado por seus pensamentos e suas escolhas: tudo depende de seu despertar interior. Podemos encontrar o Caminho da Vitória usando a força do pensamento para obter sucesso na vida material e espiritual.

As Leis Místicas
Transcendendo as Dimensões Espirituais
IRH Press do Brasil

Aqui são esclarecidas questões sobre espiritualidade, misticismo, possessões e fenômenos místicos, comunicações espirituais e milagres. Você compreenderá o verdadeiro significado da vida na Terra, fortalecerá sua fé e despertará o poder de superar seus limites.

• OUTROS LIVROS DE RYUHO OKAWA •

As Leis da Imortalidade
O Despertar Espiritual para uma Nova Era Espacial
IRH Press do Brasil

As verdades sobre os fenômenos espirituais, as leis espirituais eternas e como elas moldam o nosso planeta. Milagres e ocorrências espirituais dependem não só do Mundo Celestial, mas sobretudo de cada um de nós e do poder em nosso interior – o poder da fé.

As Leis da Salvação
Fé e a Sociedade Futura
IRH Press do Brasil

O livro fala sobre a fé e aborda temas importantes como a verdadeira natureza do homem enquanto ser espiritual, a necessidade da religião, a existência do bem e do mal, o papel das escolhas, a possibilidade do apocalipse, como seguir o caminho da fé e ter esperança no futuro.

As Leis da Eternidade – *A Revelação dos Segredos das Dimensões Espirituais do Universo*
Editora Cultrix

O autor revela os aspectos multidimensionais do Outro Mundo, descrevendo suas dimensões, características e leis. Ele também explica por que é essencial para nós compreendermos a estrutura e a história do mundo espiritual e percebermos a razão de nossa vida.

As Leis da Felicidade
Os Quatro Princípios para uma Vida Bem-Sucedida
Editora Cultrix

Uma introdução básica sobre os Princípios da Felicidade: Amor, Conhecimento, Reflexão e Desenvolvimento. Se as pessoas conseguirem dominá-los, podem fazer sua vida brilhar, tanto neste mundo como no outro, e escapar do sofrimento para alcançar a verdadeira felicidade.

Série Autoajuda

Introdução à Alta Administração
Almejando uma Gestão Vencedora
IRH Press do Brasil

Almeje uma gestão vencedora com: os 17 pontos-chave para uma administração de sucesso; a gestão baseada em conhecimento; atitudes essenciais que um gestor deve ter; técnicas para motivar os funcionários; a estratégia para sobreviver a uma recessão.

O Verdadeiro Exorcista
Obtenha Sabedoria para Vencer o Mal
IRH Press do Brasil

Assim como Deus e os anjos existem, também existem demônios e maus espíritos. Esses espíritos maldosos penetram na mente das pessoas, tornando-as infelizes e espalhando infelicidade àqueles ao seu redor. Aqui o autor apresenta métodos poderosos para se defender do ataque repentino desses espíritos.

• Outros Livros de Ryuho Okawa •

Mente Próspera – *Desenvolva uma Mentalidade para Atrair Riquezas Infinitas*
IRH Press do Brasil

Okawa afirma que não há problema em querer ganhar dinheiro se você procura trazer algum benefício à sociedade. Ele dá orientações valiosas como: a atitude mental de *não rejeitar a riqueza*, a filosofia do *dinheiro é tempo*, como manter os espíritos da pobreza afastados, entre outros.

Gestão Empresarial – *Os Conceitos Fundamentais para a Prosperidade nos Negócios*
IRH Press do Brasil

Uma obra muito útil tanto para os gestores empresariais como para aqueles que pretendem ingressar no mundo dos negócios. Os princípios aqui ensinados podem transformar um pequeno empreendimento em uma grande empresa, do porte daquelas cujas ações são negociadas na Bolsa de Valores.

O Milagre da Meditação
Conquiste Paz, Alegria e Poder Interior
IRH Press do Brasil

A meditação pode abrir sua mente para o potencial de transformação que existe dentro de você e conecta sua alma à sabedoria celestial, tudo pela força da fé. Este livro combina o poder da fé e a prática da meditação para ajudá-lo a conquistar paz interior e cultivar uma vida repleta de altruísmo e compaixão.

O Renascimento de Buda
A Sabedoria para Transformar Sua Vida
IRH Press do Brasil

A essência do budismo nunca foi pregada de forma tão direta como neste livro. Em alguns trechos, talvez os leitores considerem as palavras muito rigorosas, mas o caminho que lhes é indicado é também bastante rigoroso, pois não há como atingir o pico da montanha da Verdade Búdica portando-se como simples espectador.

Trabalho e Amor
Como Construir uma Carreira Brilhante
IRH Press do Brasil

Okawa introduz dez princípios para você desenvolver sua vocação e conferir valor, propósito e uma devoção de coração ao seu trabalho. Você irá descobrir princípios que propiciam: atitude mental voltada para o desenvolvimento e a liderança; avanço na carreira; saúde e vitalidade duradouras.

THINK BIG – Pense Grande
O Poder para Criar o Seu Futuro
IRH Press do Brasil

A ação começa dentro da mente. A capacidade de criar de cada pessoa é limitada por sua capacidade de pensar. Com este livro, você aprenderá o verdadeiro significado do Pensamento Positivo e como usá-lo de forma efetiva para concretizar seus sonhos.

• Outros Livros de Ryuho Okawa •

Estou Bem!
7 Passos para uma Vida Feliz
IRH Press do Brasil

Este livro traz filosofias universais que irão atender às necessidades de qualquer pessoa. Um tesouro repleto de reflexões que transcendem as diferenças culturais, geográficas, religiosas e étnicas. É uma fonte de inspiração e transformação com instruções concretas para uma vida feliz.

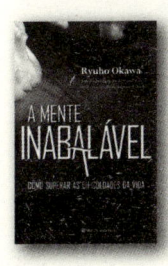

A Mente Inabalável
Como Superar as Dificuldades da Vida
IRH Press do Brasil

Para o autor, a melhor solução para lidar com os obstáculos da vida – sejam eles problemas pessoais ou profissionais, tragédias inesperadas ou dificuldades contínuas – é ter uma mente inabalável. E você pode conquistar isso ao adquirir confiança em si mesmo e alcançar o crescimento espiritual.

Mude Sua Vida, Mude o Mundo
Um Guia Espiritual para Viver Agora
IRH Press do Brasil

Este livro é uma mensagem de esperança, que contém a solução para o estado de crise em que vivemos hoje. É um chamado para nos fazer despertar para a Verdade de nossa ascendência, a fim de que todos nós possamos reconstruir o planeta e transformá-lo numa terra de paz, prosperidade e felicidade.

• AS LEIS DO SEGREDO •

Pensamento Vencedor
Estratégia para Transformar o Fracasso em Sucesso
Editora Cultrix

Esse pensamento baseia-se nos ensinamentos de reflexão e desenvolvimento necessários para superar as dificuldades da vida e obter prosperidade. Ao estudar a filosofia contida neste livro e colocá-la em prática, você será capaz de declarar que não existe essa coisa chamada *derrota* – só existe o *sucesso*.

SÉRIE FELICIDADE

A Verdade sobre o Mundo Espiritual
Guia para uma vida feliz – IRH Press do Brasil

Em forma de perguntas e respostas, este precioso manual vai ajudá-lo a compreender diversas questões importantes sobre o mundo espiritual. Entre elas: o que acontece com as pessoas depois que morrem? Qual é a verdadeira forma do Céu e do Inferno? O tempo de vida de uma pessoa está predeterminado?

Convite à Felicidade
7 Inspirações do Seu Anjo Interior
IRH Press do Brasil

Este livro traz métodos práticos que ajudarão você a criar novos hábitos para ter uma vida mais leve, despreocupada, satisfatória e feliz. Por meio de sete inspirações, você será guiado até o anjo que existe em seu interior: a força que o ajuda a obter coragem e inspiração e ser verdadeiro consigo mesmo.

• Outros Livros de Ryuho Okawa •

Manifesto do Partido da Realização da Felicidade
Um Projeto para o Futuro de uma Nação
IRH Press do Brasil

Nesta obra, o autor declara: "Devemos mobilizar o potencial das pessoas que reconhecem a existência de Deus e de Buda, além de acreditar na Verdade, e trabalhar para construir uma utopia mundial. Devemos fazer do Japão o ponto de partida de nossas atividades políticas e causar impacto no mundo todo".

A Essência de Buda – *O Caminho da Iluminação e da Espiritualidade Superior*
IRH Press do Brasil

Este guia almeja orientar aqueles que estão em busca da iluminação. Você descobrirá que os fundamentos espiritualistas, tão difundidos hoje, na verdade foram ensinados por Buda Shakyamuni, como os Oito Corretos Caminhos, as Seis Perfeições, a Lei de Causa e Efeito e o Carma, entre outros.

Ame, Nutra e Perdoe
Um Guia Capaz de Iluminar Sua Vida
IRH Press do Brasil

O autor revela os segredos para o crescimento espiritual por meio dos *Estágios do amor*. Cada estágio representa um nível de elevação. O objetivo do aprimoramento da alma humana na Terra é progredir por esses estágios e desenvolver uma nova visão do amor.

O Caminho da Felicidade
Torne-se um Anjo na Terra
IRH Press do Brasil

Aqui se encontra a íntegra dos ensinamentos de Ryuho Okawa e que servem de introdução aos que buscam o aperfeiçoamento espiritual: são *Verdades Universais* que podem transformar sua vida e conduzi-lo para o caminho da felicidade.

Curando a Si Mesmo
A Verdadeira Relação entre Corpo e Espírito
Editora Cultrix

Com este livro sua vida mudará por completo e você descobrirá a verdade sobre a mente e o corpo. Ele contém revelações sobre o funcionamento da possessão espiritual e como podemos nos livrar dela; mostra os segredos do funcionamento da alma e como o corpo humano está ligado ao plano espiritual.

O Ponto de Partida da Felicidade
– Um Guia Prático e Intuitivo para Descobrir o Amor, a Sabedoria e a Fé. Editora Cultrix

Como seres humanos, viemos a este mundo sem nada e sem nada o deixaremos. Podemos nos dedicar a conquistar bens materiais ou buscar o verdadeiro caminho da felicidade – construído com o amor que dá, que acolhe a luz. Okawa nos mostra como alcançar a felicidade e ter uma vida plena de sentido.

• Outros Livros de Ryuho Okawa •

As Chaves da Felicidade – *Os 10 Princípios para Manifestar a Sua Natureza Divina*
Editora Cultrix

Neste livro, o autor ensina de forma simples e prática os dez princípios básicos – Felicidade, Amor, Coração, Iluminação, Desenvolvimento, Conhecimento, Utopia, Salvação, Reflexão e Oração – que servem de bússola para nosso crescimento espiritual e nossa felicidade.

Série Entrevistas Espirituais

Mensagens do Céu – *Revelações de Jesus, Buda, Moisés e Maomé para o Mundo Moderno*
IRH Press do Brasil

Mensagens desses líderes religiosos, recebidas por comunicação espiritual, para as pessoas de hoje. Você compreenderá como eles influenciaram a humanidade e por que cada um deles foi um mensageiro de Deus empenhado em guiar as pessoas.

Walt Disney
Os Segredos da Magia que Encanta as Pessoas
IRH Press do Brasil

Graças à sua atuação diversificada, Walt Disney estabeleceu uma base sólida para seus empreendimentos. Nesta entrevista espiritual, ele nos revela os segredos do sucesso que o consagrou como um dos mais bem-sucedidos empresários da área de entretenimento do mundo contemporâneo.

A Última Mensagem de Nelson Mandela para o Mundo – *Uma Conversa com Madiba Seis Horas Após Sua Morte*
IRH Press do Brasil

Mandela transmitiu a Okawa sua última mensagem de amor e justiça para todos, antes de retornar ao mundo espiritual. Porém, a revelação mais surpreendente é que Mandela é um Grande Anjo de Luz, trazido a este mundo para promover a justiça divina.

O Próximo Grande Despertar
Um Renascimento Espiritual
IRH Press do Brasil

Esta obra traz revelações surpreendentes, que podem desafiar suas crenças: a existência de Espíritos Superiores, Anjos da Guarda e alienígenas aqui na Terra. São mensagens transmitidas pelos Espíritos Superiores a Okawa, para que você compreenda a verdade sobre o que chamamos de *realidade*.

Siga-nos no Instagram
@okawalivros

Acesse nosso site para ver a lista completa de livros:
www.okawalivros.com.br